翻轉學

翻轉學

與成功對頻

成功需要努力，更需要心靈能力，
你的思維慣性，決定你的人生與命運

娜婀・希伯特 Noor Hibbert—著 謝佳真—譯

JUST
F*CKING DO IT
Stop Playing Small.
Transform Your Life

獻給我三位美麗的女兒蕾拉－蘿絲（Layla-Rose）、莎菲雅－莉莉（Safia-Lily）、阿蜜拉－潔絲敏（Amira-Jasmine）。

女兒們，若說我對你們的人生有任何期許，那便是我要你們作看似不可能辦到的夢，努力不懈，實現每個夢想。你們是我的動力泉源，真感恩你們選擇我當你們的母親。我全身每一個細胞，都無條件地愛你們。

本書也要獻給我了不起的母親，她的一言一行都是「做就對了」這一句真言的典範與化身。謝謝你堅定不移地愛我，支持我，為我示範如何持續不輟地行動，致力實現我追求的所有目標。

目錄

好評推薦 11

第1章 你想過怎樣的人生？ 13

讓人生改頭換面的祕訣
要改變人生，先改變想法
讓成功與幸福放大十倍的祕密武器
用一本書強化心靈能力，扭轉人生

第2章 一切都跟振動頻率有關 41

心想事成的背後原理
能量把想法化為現實
如何隨時與成功對頻？
有意識關掉小我的負面思維

第3章 你的注意力決定你的境遇 65
定義對自己有意義的成功與目標
你最深層的人生心願是什麼？
設定目標的規矩
真正的成功是均衡，而不是失衡
釐清目標是行動所需的燃料

第4章 斤斤計較，不會得到你想要的 91
跟別人比較，讓人陷入受害者心態
把自己的目光從外轉內
與其跟別人較勁，不如跟過去的自己比

第5章 拔除惡搞你的有毒信念雜草 107
為什麼光是正向思考還不夠？

目錄

重設信念，發掘最強大的自己
把感受和想法一律寫下來
斬斷負面信念的源頭
辨識你犯過的錯誤
改寫信念的方法

第6章 靈性整容，改造命運 125

你最核心的真面目是誰？
思考由負轉正，得從自我形象著手
如何選擇改變？
調整態度，修正思考流程

第7章 愛自己，從尊重自己的身體開始 145

不再相信自己的後果

第8章 你的言語，開關改變人生的路

關於愛自己的真相
原諒別人，就是原諒自己
如何原諒自己？
如何原諒別人？
接受自己的真相，不要假裝
優先照顧自己
放下希望獲得別人肯定的心理需求
把每天都當作生日

從悲觀切換到樂觀，從內在對話開始
判斷人生態度的三層面
周遭的言論，決定你的態度是正面或負面

目錄

第9章 任何思想和行動都有業力 187
做任何選擇前，先問兩件事
行動背後的動機比行動本身重要
用獨一無二的天賦為世界效勞
不放任內在小孩主導大局
活出最盛大版本的自己

第10章 善用內在的導航系統——直覺 203
信任直覺，就是與成功對頻
如何取用你的直覺？
刻意練習獨處
花時間肯定眼前的一切
靠記錄學會信任直覺
憑著直覺行動，從小事做起

建立「無所事事」的空檔
留意快樂的巧合

第11章 感恩當下擁有的一切 221
如何讓感恩之情每天大噴發？
落實感恩，無論順遂或不順
放下對結果的執著
態度超然讓如願以償加快十倍
做足萬全準備

第12章 社交需求，也是成敗的關鍵 237
慎選合適的朋友建立歸屬感
挑選新的夥伴
提出成功的捷徑

要啟發人心，不要下指導棋
不追求我對你錯

目錄

第13章 與翻轉人生的距離，只差豁出去做 253
避免「覺得不想做」，得快快動起來
拖延與完美的雙重詛咒
令人振奮的事不會發生在舒適圈
覺察念頭是帶來阻力還是助力
後記 **不要等到明天才做出改變** 267
謝詞 271
附錄 273
延伸閱讀 282

好評推薦

「這是一本設計夢想人生的使用手冊。當你願意放下執著，接受更高的智慧，你就能體驗到更圓滿的一切。顯化出你想要的世界，就在此刻！」

——RYAN WU，個人成長 YouTuber

「這是一本輕鬆易讀又頗富意寓的好書，人生其實沒有太多的大道理，保持正念隨時感恩，隨念隨行；選擇做最好的自己，選擇對的盟友，跟著宇宙頻率『做就對了！』用行動落實改變，與成功對頻！」

——人資阿姐，專欄作家、職涯教練、國際生涯發展諮詢師

第 1 章

你想過怎樣的人生？

這可是你的一輩子：活出「爽翻天」的那一種人生吧！

你之所以拿起這本書，八成是因為內心的聲音在喃喃低語，說你的人生應該更美滿的，同時也有一部分的你想要活得快樂，歡樂無法擋的那種快樂。如果剖析我們每個作為的起心動念，那便是我們想要幸福，想要快樂。我們想要喜愛的工作來讓自己快活，我們想要能讓自己幸福的人生伴侶，我們想要得到嚮往的身材，照鏡子才開心，我們想要體驗人世間一切令我們歡喜的事物。幸福快樂的滋味很美好，這種美好的滋味是絕大多數人類追求的目標。

絕大多數找我諮詢的人，並沒有感受到我由衷相信人人都應該有的那種幸福美滿，因為在他們的內心深處，他們知道自己理應擁有更多。重點是，我相信我們來到這顆星球，是為了成就非凡之事，豐盛無邊，實現所有的渴望。我們都注定在個人版的好萊塢電影裡活得宛如搖滾天王，我們就是挑大梁的明星。然而從呱呱墜地到長大成人的過程中，許多人卻在某個時刻，聽信了另一個截然不同的夢。

如果你的工作無聊到令你厭世，窮到快被鬼抓去，老是不到月底就只剩兩串蕉，身體的病痛揮之不去，守著一段讓你心累的感情，或者你覺得一切都是無意義的浪費時間，讓我告訴你吧，朋友啊，你的人生誤入歧途啦，而我們得改寫你的人生——你我一起。

讓人生改頭換面的祕訣

好，我是誰？你何必在我身上投注幾小時的寶貴時間？我是教人轉換思維的教練，我的目標是協助大家翻轉個人的生涯與職涯，讓大家可以快樂到犯規的程度，要什麼有什麼。對，你可以一網打盡。你可以從事令你振奮的職業，投入稱心如意的感情關係，擁有你覺得棒呆了的身材，甚至得到你以為只有「另一半」才會有的財力。你可以魚與熊掌兼得，而我的任務是協助大家提高自覺，不再活得像機器，挺身走進世界，烤出美味至極的邪惡蛋糕，狼吞虎嚥，一塊接一塊吃下肚。

我同時只是個平凡的女性，生育了三位相當不錯的人類，其實她們強力刺激我做出改變人生的決定。我喜歡穿著運動服四處跑（即使附近沒有健身房，也根本沒打算在那一天去運動），我是靜心冥想狂人，吃純素，熱愛旅遊。我大學鑽研心理學，並持有兩張學士後學位證書，一張是企業暨高階主管教練，另一張則是教練心理學。我沉迷於人心的內在運作與外部運作，外部運作就是人類往往瘋狂的行為。

寫這本書的用意是要喚醒你，提供一個新觀點，讓你明白人生可以沒有局限，左右逢源。我要給你轉化思想的機會，讓你了解不論目前的處境如何，你都有唾手可得的力量，可以隨心所欲地翻轉現狀。本書的宗旨是協助你完成必要的前置作業，開始追夢，最後圓滿你長久以來夢寐以求的一切——對，就是會帶給你極致快樂的一切。

這正是你購買本書的原因——要麼你知道自己沒有發揮全部的潛力，要麼你表面上很風光，心裡卻覺得自己是冒牌貨。或許你知道目前的生活不是你該過的日子，或許你知道自己沒有展露百分之百的真實本色，而你知道自己可以是那樣的人。無論如何，你知道人生可以大大豐盛起來，而你想要學會怎麼做。我要這本書成為你等待已久的支持與擁抱，象徵性地踹你屁股一腳，讓你開始圓夢。大顯身手的時候到了，放手改變任何你需要改變的事吧！

我明白市面上的個人成長書籍多如牛毛——咕，我自己就有一大堆，但這本不一樣。我的客戶掏出大把鈔票與我直接合作，我很清楚不是人人都有那種財力，因此這些書頁就是你的契機，你可以與我攜手同心，得到你要的成功，而你只要付出兩杯咖啡的錢，還零熱量咧——這本書不僅教你道理，更教你怎麼做。這本書關乎改變習慣，讓你動起來，建構一套正軌，進行令你渾身不自在的深度挖掘——誰說改變是容易的？

假如要我徹底攤牌，那我十二萬分支持你去找可以佐證這本書的證據！我耗費了許多、許多個小時的生命與私人教練會談，繞著地球飛了誇張的哩程數去參加工作坊，在工作坊裡擁抱過的陌生人之多，怎麼看都不正常，而我花錢買的自助類有聲書，數量多到我的手機容量塞不下，但這一切都是為了追求我要在這本書與你分享的那一種改變。我鄭重發誓，我會帶你一步步地前進，度過改寫心靈的旅程，發掘自我，展開個人的蛻變，協助你成為你想做的人，達成你想做的事，擁有你要的一切。可以給我來一聲「萬歲」嗎？

我知道自己要傳授給你的方法非常厲害，因為那是我早已踏上的歷程，至今我仍在路上。你或許會納悶，一個來自倫敦富裕地區的中等階級中東女性，憑什麼談論痛苦與幸福。畢竟，我的手足跟我擁有舒適的住家、就讀私立學校、父母都有優渥的工作。然而，在我心裡，我的人生卻不是那麼回事。

請容我稍微介紹一下我的家庭背景與童年，各位才會了解我的出身。我爸爸是伊拉克人，是虔誠的教徒，以非常傳統的方式管教兒女。他相當嚴格，脾氣火爆到極點，拚了老命地防堵西方世界的險惡事物，包括性愛、毒品與搖滾樂，禁止我們接觸。假如凡事都順他的意，我們就得等到十八歲，才能看十二歲的輔導級電影，而十八禁的影片則是到我們一命嗚呼了都不准碰。我們無論如何不能目睹兩個人類接吻——不然，天就要塌了！

我爸爸是工時超級長的律師，要他向我們小孩流露一絲一毫的感情，他會如坐針氈，他跟我媽媽的婚姻動盪不安。媽媽在各方面都跟爸爸南轅北轍。她會趁著爸爸不在家，悄悄帶我們出門吃不符合清真認證的麥當勞，允許我們偷偷穿爸爸絕對會討厭的服飾，觀賞他禁止我們看的電影。她是作風非常西式的伊朗人，不管對方是誰，一律直呼對方「親愛的」，不顧忌這會惹惱爸爸。結果，我們的童年宛如在戰火中度過，老爸、老媽最後也以離婚收場。之後的許多年，我與父親形同陌路，總覺得生活裡少了一位強而有力的男性典範，但我們父女的關係原本便十分緊繃。我敬愛爸爸，只是我始終不了解他，也不懂他怎麼會認為人生應該那樣過。

四歲時，我首次意識到自己與眾不同——而那很痛苦。我說自己與眾不同，是指我不是純正的白人，也沒人會念我的名字。當時我在幼兒園的遊樂場，自己玩自己的，一個女孩大膽地走到我面前，詢問我的眉毛為何如此濃密，還問我為什麼是醜八怪。呃啊！我答不出來，但那天放學前，我都在觀察幼兒園裡每個小朋友的眉毛。我的眉毛清清楚楚地在眉心連成一線，就在那一刻，我察覺自己跟別人不一樣。我回到家裡，哭哭啼啼，責怪父母，揹負著眉毛濃密的重擔直到十一歲，我在命定的那一天拿起鑷子，展開一場只能稱為眉毛大屠殺的行動。儘管一九九〇年代晚期流行纖細的柳葉眉，但我的模樣太可怕，差點沒把可憐的老媽嚇出心臟病。

除了眉毛慘案，慘上加慘的是我在十幾歲那些年，大半時候都遭到霸凌，被排擠，不知道何處才有容身之地。我想要換掉我的髮色，換掉我的名字，換掉我的父母，只求「普普通通」。我內心有揮之不去的痛苦，到了十六歲，我得服用百憂解，灌我藏在床底下的馬里布蘭姆酒（Malibu），才能覺得自己是正常人，把時間用在輕柔而和緩地傷害自己（我真的不太喜歡忍受疼痛）。因此，讓我告訴各位吧，情緒低落、困惑、一再問自己「活著就注定受苦嗎？」的滋味，我統統都知道。

到了二十歲，我已經嚐過好幾次心碎的撕心裂肺，因為穿越父母離異的情緒地雷區而焦慮，然後試圖安然自在地走過高低起伏的大學生活。我變得非常精通受害者的語言，而我的預設模式似乎是「灑狗血」。我吃力不討好地想融入自己的家人、融入朋友、融入生命，想談一段不會逼瘋我的戀愛。

當你對世界應有的樣貌有自己的想法，而你的想法與世界的實際樣貌大相逕庭，你會抑鬱。如果要你接受自己的核心本質像要你的命，你會焦慮。當你不知道自己的人生使命，又不能接納自己，便會形成實際的病痛。我以自己為恥，因為我的人緣不好、身材不苗條、課業也不優秀。我覺得自己是異類，我看不起自己是異類。為什麼我就是不能跟大家打成一片呢？

老實說，即使我已經幾次走出盪到谷底的低潮，在二十幾歲時，我大半時候依然很困惑自己有什麼人生目標，不知如何振作起來讓自己快樂，成為個人版的好萊塢電影女主角。要是各位現在瀏覽我以前的臉書照片，會看到一個多數時候都在飲酒、醉酒或宿醉的女孩。這個女孩用一級毒品安慰自己，反叛一切從小被灌輸的觀念，不再相信那是對的。你會看到這個女孩沒完沒了地尋找真命天子，卻一再慘烈地重演《絕配冤家》*。（我愛死了那部電影！）

所以讓我告訴你吧，雖然憑我的學位，我有幫你一把的「資格」，但（有時痛苦不堪的）生命學苑的每一個階段，我都奮勇出席，我的每一步路都有被撕爛的T恤可以為證。我要告訴你的第一件事情是，無論你此時此刻處於什麼狀態，那都不會是你下一週、下個月或明年的狀態。

我摸索出一個祕訣，扭轉了乾坤。這個祕訣讓我從請產假時的週薪一百三十八英鎊（約新台幣五千一百元），變成每年都有不只一筆六位數的進帳，給了我隨心所欲去旅行的自由，我可以送孩子就讀一流學府，投資房地產，甚至讓我的丈夫能夠告別職場。這個祕訣讓我得到一向夢寐以求的身材，擁有幸福的婚姻，親子關係每天都蓬勃發展。這個祕訣也協助我改善與父母的感情，打造出最真實、最溫馨的關係，他們毫無保留地接納我，接受我的選擇與生活方式。以前，我萬萬想不到自己可以說這種話，但如今爸爸是我的死黨之一，他忠心耿耿地支持我，我可以全然做自己。基本上，現在我就是如此這般的一個幸運兒。

不僅如此，這個祕訣讓我更快樂。不是「晒在社群媒體上」的那種快樂，而是真的快樂，是窩在床上，臉不紅氣不喘地感恩自己快樂無邊的那一種快樂。我不再顧慮每個人對我的要求。我不再想要取悅每個人，融入人群。我不再關注自己缺了什麼別人都有的東西，開始創造一個可以說是自私到極點的生活，一個只關乎自己的生活。我還運用這個祕訣，協助世界各地的客戶讓人生改頭換面。

---

* *How to Lose a Guy in 10 Days*：電影描述一位兩性作家接受雜誌社指派的任務，要在十天內讓男人愛上自己又甩掉她，並將這段經歷寫成文章。為了讓男方提出分手，她做了很多兩性相處時不該做的事。

而現在，我要和盤托出這個祕訣，分享給你。

要改變人生，先改變想法

我是走出抑鬱的人，我曾飽受焦慮之苦，步履沉重地過生活，我承認自己是小題大做的傢伙，因此我有得天獨厚的立場，可以為你指點反轉人生的方法，我要幫助你採取行動。我知道這是大工程，但我願意承擔這個責任，因為既然我能夠改寫自己的故事，那你也行。你有那樣的力量。如果你不喜歡自己的故事，就應該動手改寫。我也要讓你知道，不用等到人生給你一記鎖喉拋摔，把你摔到七葷八素，倒在地上，幾乎要被自己的眼淚淹死，你才來改變。現在就是改變的時候。

好，我要說出我的祕訣了：**要改變人生，首先要改變你的想法**。或許這種說法你早已聽過千千萬萬遍，覺得那愚蠢到極點，也或許你現在才聽說。總之，不管你屬於哪一方，你得（再）聽一遍。

但我醜話說在前：**要改變想法既不簡單，也不輕鬆**。事實上，我甚至要說，對絕大多數人而言，改變難如登天，正因為如此，這個世界上覺得卡住、甚至絕望的人，才會多到沒天理。打從出生的那一刻起，我們所來到的世界，便把各種念頭、觀念、體驗施加在我們身上，我們就這麼建構出自己對這個世界的信念系統。信念的本質就是一套指導原則，賦予我們人生的方向與意義。信念是預設的過濾器，會影響我們對世界的看法。信念就像輸入大腦的「內建指令」，當我們相信某些概念是正確的，大腦便會依據這些信念來呈現發生的事。

從孩提時代開始，我們便像海綿一樣吸納一切——天大好事、不錯的事、壞事，還有真的醜陋不堪的事。假如父母一貧如洗，為錢傷神，我們便會建立相關的信念。假如父母疼惜我們，給我們歡樂而慈愛的家庭環境，我們便會發展相關的信念。假如你的父母老是吵架，那便會是你建構世界觀的憑據。我們以童年的經驗為基礎，在潛移默化之下，學會以特定的方式看待這個世界。這些都塑造並決定了我們對這個世界的觀點。

我們的頭腦是由許多個部分構成的，必須徹底了解的部分有兩個，也就是意識心智與潛意識心智。大致上，是潛意識心智在掌控大局，將我們的童年經驗當作行事的準則，這一點前文解釋過了。如此建構出來的模板會在大腦扎根，在我們長大成人以後，持續引導我們的思緒，主導我們的行動。以心理學的觀點，我們得改變這一組模板，才能確保模板讓我們走向成功，在我們的每一個生活領域都快樂起來。改造無意識得花上一番工夫，而且老實講，過程可能跟陰部除毛一樣痛不欲生。

多數人覺得命運不由人，因為我們是依據父母、老師、文化、政府、媒體塑造的模板在生活。出生時，上天送我們一整個調色板的美麗色彩，供我們描繪亮麗的人生。但時間一年年過，我們在耳濡目染下，相信人生就是無止境的進食、睡眠、工作，周而復始。大部分人最後便相信人生充滿束縛，處處受限。悲哀的是，我們不相信自己生來就是高明的畫家，不拿出畫家的本事，卻被自己的故事荼毒。每次我們採納一個恐懼與匱乏的信念，便是從調色盤捨棄一個顏色，葬送自己的潛力，以致刻劃不出原本應該精采絕倫的生命彩繪。所以，才會有那麼多人不能心滿意足，覺得生活一片……昏黃。基本上，我們忘了自己的真面目。

我的個案們傾訴的困擾通常大同小異。他們覺得人生有缺憾，彷彿自己失敗了，茫茫然，不知道該走的路在何方。大體而言，他們的生活缺乏熱忱與目標，少了令人驚豔的光芒，因為他們的調色盤現在顏料不夠，畫不出真正美麗的作品。很多人相信的說法是錢很難賺，我們應該致力追求「舒適」的生活，感恩現有的一切，不能奢望更多。我們採信的觀念是活著是為了上班，白痴才有夢想。我們相信愛情與成功都是限量供應，所以最好全副武裝，奮力爭取到底。我們抱持「我算哪根蔥，憑什麼擁有一切？」的信念，來扯自己後腿。

人們在七天裡辛苦工作五天，才買得起自認為會帶來快樂、代表成功的物品。東西到手之後，大家卻發現內心仍舊不滿足，便揹負更多債務，繼續購物來填補內心的空洞，結果每天早晨起床照樣不快樂……甚至還更窮。如此反覆循環。

這方面的絕佳實例，就是數不清的名人淪為酒鬼跟毒蟲。我記得自己總是在想：「他們都有了金山銀山，怎麼還會鬱悶呢？」誠如羅素．布蘭德（Russell Brand）在《復原：擺脫癮頭，重獲自由》（*Recovery: Freedom from Our Addictions*）的深刻說法：「依據我們學到的觀念，自由就是可以隨心所欲地滿足我們細瑣的欲望。但真正的自由是不受制於我們細瑣的欲望。」當我踏上個人成長的旅程，我領悟到成功與幸福不是只關乎取得金錢或物品——而是比那深刻很多的東西，那是在忙碌的現代世界裡，絕大部分人沒興趣去探索的。

為了力求本書的內容一清二楚，我要來說明幾件事，澄清我的意思，以及我為什麼認為這些事很關鍵。當我「談起心理學」，我會解釋我的意思，讓你掌握重要的觀念。我會講解那些觀念，闡述那些觀念與改變人生的關連。我會透過與你沒兩樣的人的故事，來表達我的想法，因為我可以保證一件事——這個世界或許有幾十億人口，行為模式卻簡直就是一個模子印出來的，令我們裹足不前的事物也幾乎沒兩樣。我也會提供「做就對了！」的練習與務實的步驟，協助你融會貫通我教導的內容，讓你真的得到實效。最後，我要你恥力全開，做就對了。

那我們開始吧，我要舉幾個例子，讓大家瞧瞧扯後腿的耳濡目染是什麼樣子，明白童年的經驗如何影響我們的未來，或許這些例子會讓各位心有戚戚。

原生家庭侵害了潛力

露西在「勞工階級」家庭長大，父母成天上班，沒什麼好好陪伴孩子的空閒。他們依然為了生計奔波，時常因此口角。當露西建立了自己的家庭，她老是擔心錢不夠用。她和丈夫都要工作，儘管夫妻倆的財力比露西的父母寬裕，露西照樣為了錢跟先生吵架。露西也從不努力騎驢找馬，她覺得何必呢，反正好差事的工時必然會更長，進一步壓縮她照顧家庭的時間。露西的「模板」侵害了她的潛力，讓她不能為家人創造豐盛的生活。

心裡不踏實與不安都源自於父母

理察來自高學歷的家庭，他效法父母的榜樣，當起了老師。他力爭上游，成為校長。他的家人與有榮焉，他的心裡卻不踏實。他不過是追隨父母的腳步罷了。於是，他決定辭職去創業。創業之後，他一直忐忑不安，覺得別人看不起他離開了教育界。他相信自己不是在做「像樣的工作」，但是他的收入明明是前一份工作的五倍。理察的模板干擾了他的成功與快樂。

從心理學的角度檢視這些案例，便能夠立刻窺見所有人的行為模式；我們遇事時的反應，其實是我們在獨一無二的成長經驗裡建立的反應。要了解自己為何會有那樣的反應，可以從心理學的原則來認識自己的行為。

從以上區區兩個案例，便可以看出心理學是不可或缺的工具，能夠讓我們了解是什麼導致我們畏畏縮縮、抱殘守缺，過著不快樂的人生。本書分享的所有原則，都建立在這樣的基礎上——這些原則可以協助你檢視並改寫你的行為模板，行為模板具有宰制你的力量，阻撓你發揮全部的潛力。這就像擁有一輛漂亮的全新法拉利。你坐上法拉利，知道車子可以陪伴你展開美妙的旅程，可是當你發動引擎，增加引擎的轉速，車子卻文風不動。你把法拉利送進修車廠，結果技師說車子的程式設定亂七八糟。

你就是那一輛法拉利。憑你的潛能、美、力量，大可踏上任何旅程，但錯誤百出的設定卻讓你苦苦掙扎，動彈不得。寶貝，重新設定你的時候到了。

讓成功與幸福放大十倍的祕密武器

我要打開天窗說亮話，這不是只暢談心理學與思維模式的書，我見過有些人讀了那一類的書，照樣開創不出自己渴望的成功人生。其實，我曾經跟他們同病相憐。我讀過一些建立思維模式的書籍，創立我的第一家公司，甚至賺了大錢。我的外在看似成功——心裡卻覺得不對勁。我意識到儘管提升思維模式很重要，但不可否認，想要鹹魚翻身、全面成功，就涉及了另一項不可或缺的要素。太多人都不了解這是他們的祕密武器，是隨時隨地都可以取用的力量。

我要從一開始就把話說清楚：**成功不只是金錢方面的富裕。成功的定義也因人而異。對某個人來說，或許成功就是擁有恩愛的感情關係，對另一個人來說，成功是指擁有健康、緊實的身體**。我認知中的大好人生會跟你的截然不同，而你認知中的大好人生，又會跟另一位讀者完全是兩回事。我們稍後會決定你的大好人生是什麼樣子，你將會自己做主，調出一組全新的調色盤，你喜愛的顏色應有盡有，你可以隨心所欲地畫出你要的圖畫。你不是機器人。這是你的人生，現在是你揮灑生命的時候了。你不必相信自己只能在某一個人生領域裡成功。要由衷快樂，就得在所有的人生領域大獲全勝，這才是我希望你得到的人生——這項祕密武器可以幫助你。

我要坦白招認，第一次聽說這種祕密武器的時候，其實我並不相信，因為在長年累月被逼著信仰宗教之後，我決心擁抱無神論。可是我的生活漸漸改善，變得比我夢想中更美滿，現在我可以真心誠意地告訴你，這種思維方式可以讓你的成功與幸福都放大十倍。我只求在我與你分享這些內容時，暫時不要批判我。你只管看書，按照我交代的步驟做，等你都做完了，要論斷什麼再說。好嗎？

好。我說嘍！祕密武器就是「宇宙」。

我已經清楚說過自己不是信仰虔誠的人。但我確實相信有宇宙智慧，有些圈子稱之為神的走狗或是神。好啦，沒人把它叫作神的走狗，那又怎樣，不爽就來控告我啊，有時候女生喜歡連結內心的黑幫。其實，我喜歡把自己看作一個靈性狠角色，全面打破我以前認為靈性的人不能違反的規矩。我大概是五〇%的狄帕克*跟五〇%的圖派克**吧！

我清楚記得童年的時候，我曾經一頭霧水，詢問母親一個費解的問題。是什麼在我的身體裡面，用我的眼睛看外面？我知道身體裡有某個東西在向外看，但我只是小孩，我想不通這件事。我知道如果閉上眼睛，還可以聽到腦袋裡的聲音。

身為人類，我們同時存在於幾個維度。我們具備實體的部分，這個實體的部分可以用鏡子照出來，可以與其他的實體互動，比如人類、物體等。我們的這個部分是有形的，可在物質世界採取實際的行動。我們還有另一個部分。我們沒有形體的內在本質為我們注入燃料，帶來生命，建構出以思想、感覺、信念組成的實質存在。我們有形與無形的部分不能切割，就像腳背和腳底是密不可分的。

與你的非實體部分建立連結的管道，便是靈性。身為人類，我們習慣以「由外而內」的方式判斷自己有多快樂，人生旅程就這麼定了調，一直朝著永遠不能真正滿足自己的目的地前進。對我來說，靈性就是憶起自己的身分：你是他媽的超級巨星。靈性是走向內在、實現潛力的神聖行動。靈性也是屹立不搖的信心，知道冥冥之中真的有某種玩意兒，會在你的生命旅程裡挺你，如果你願意，還會全程牽著你的手，與你一起踏出每一步路。

請容我澄清一些關於靈性人士的迷思。我不穿竹纖維的褲子；我沒有蓮葉；別人大概會聽到我誦念「幹」而不是「唵」，對，我會刮腋毛。我曾經認為異類才會追求靈性。我曾經被霸凌很多年，絕望地想要融入人群（甚至哀求我媽讓我用單方契據改名）***，當時，我覺得「冥冥之中」的任何玩意兒都是我連想都不要想的東西，只會嚴重干預我徹底變成普通人的久遠追尋。我要在這裡坦承不諱，那時連「靈性」這個詞都令我畏縮……我怕死了！但我的人生需要改變，坦白說，我願意死馬當活馬醫，因為我原本的作法行不通。

如果在你的蛻變之旅中，你可以理解並駕馭宇宙的力量，你旅程會簡單十倍，還處處喜

---

* Deepak：印度裔美國作者，倡導整合醫學，著有《超腦零極限》、《意識宇宙簡史》等數十部書籍。

** Tupac：非裔美國嘻哈樂手、詩人、演員，關心政治、經濟、社會、種族議題。

*** Deed Poll，一種只約束當事人的法律文件。在英國，可在律師見證下簽署單方契據來改名。

樂。你可以讀遍世界上所有探討思維模式的成功學書籍，但祕訣就在於善用唾手可得的能量泉源，來實現夢想。

下一章會深入探討宇宙如何放大你的成功，以及宇宙為何那麼做，但在這一章只要相信我就好。**當我們同時使用心理學與靈性的力量，兩者便成為威力強大的拍檔，打開閘門，讓魔法進入你的生命**。當我踏上個人成長之旅，人生便大幅升級，但當我展開靈性旅程，認識了我在本書教導的基本原則，樂此不疲地一一實踐，開創我夢想中的生活，我的人生更是三級跳。我相信事實如此，不僅是因為這是我的親身體驗，更是因為我在幾百位客戶與同事身上見證過。無形、甜美、慈愛的宇宙智慧牽成了世間的事，如果你可以提取這股力量，你的成功將會不可限量。靈性便是這麼一回事。我以童子軍的榮譽發誓。我以嚮導的榮譽發誓。我句句實言，否則不得好死。

我要這本書像洗衣機一樣洗滌你的靈性與心理。我要這本書清除你塞在腦子裡的全部烏煙瘴氣。我要這本書協助你拿出調色盤，在上面注滿五顏六色，引導你畫出最令人驚豔的畫，相形之下連畢卡索，都彷彿業餘的玩家。聽著，對抗幾十年的耳濡目染可不簡單，你得答應聽我的話。

你必須義無反顧，全心做到幾件事：

- 每天都努力追求個人的成長。
- 啃完這本書的全部內容跟我教導的所有概念。
- 做完每一章的練習。這些練習會帶來跌破你眼鏡的改變。
- 寄一瓶普羅賽克（Prosecco）氣泡酒給我。

好啦，最後一條是開玩笑的，只是要確認你還在看書。最重要的是，我絕對需要你敞開心胸，接受新的觀點。

用一本書強化心靈能力，扭轉人生

書籍大幅改寫我的人生，而我要這本書改變你的人生。我記得在二〇一二年的隆冬時節，我挺著孕肚，坐在一家咖啡館凍個半死。我才剛剛因為害喜又去吐了一輪，決定蹺掉工作，讓一杯熱巧克力來撫慰我。我翻開從母親書架上拿來的書。書名是《思考致富》（*Think and Grow Rich*），作者是拿破崙．希爾（Napoleon Hill），我萬萬想不到（直到那一刻之前），自己會覺得那本書可以改變我的人生軌道。

這本書教導我的知識，是我前所未見的。我努力不要在震驚之下，把熱巧克力吐得到處都是，瘋狂地翻過一頁又一頁，熱血沸騰地囫圇吞食每個字句，開始認識心智的力量。書上說的是真的嗎？我媽被哄得掏出大把鈔票，將我送進私立學校，去學習亨利八世娶了哪些老婆以及雲如何造雨，結果學校顯然忘記要教我心智的力量。

我的意思是學校傳授的知識固然不錯，卻永遠不會扭轉我的人生。而《思考致富》的文字可以。

我既生氣又興奮。我氣自己接受了十五年的教育，卻沒人覺得有必要告訴我，有一個可以讓人生翻盤的方法。我開始上網查詢，徹底變身成為一個宇宙狂人。我在咖啡館的那一天仍然歷歷在目。我記得當時覺得自己有無限可能，那是我以前不曾有過的感覺，我可以老實講，當我回顧過去的時光，簡直認不出當年的自己——絕望、迷失，急切地想要找到出路，擺脫遜到掉渣的人生。

或許你跟那個在咖啡館的人沒兩樣。或許你根本不是她，你很奮發上進，但你知道還有更多要搞定的事。或許，你壓根兒不曉得要拿人生怎麼辦。或許，你表面上很成功，內心卻破產了，想不通你都把 Jimmy Choo（周仰傑）名鞋和 Range Rover（荒原路華）汽車買回家了，想像中的喜悅怎麼沒有跟著來。**不論你是哪一種人，這本書會指點你哪裡出了差錯，以及你要如何系統化地修正**。

當我回顧前幾年的生活，再追溯十年前的日子，感覺真不可思議。我回想那個飽受焦慮之苦的女孩，憂鬱症不時發作，每天大半時候都在批判自己跟別人。可怕的是乍看之下，我的人生很美滿，日子很快活，但是在內心，我長期以來都半途而廢，是訓練有素的逃避生命大師。我只是很會粉飾太平。

所以說……

- 時候已經到了，穿越你對失敗的恐懼，穿越你對未知的恐懼。
- 時候已經到了，別再過著為了斤斤計較而傷神的日子。

- 時候已經到了，接掌你的力量，你天生就要成為不可思議的精采人物。
- 時候已經到了，開始去愛自己，對自己抱持你打死都覺得不可能的信心。
- 時候已經到了，把你說自己沒時間、沒精神的藉口統統扔掉。

既然我辦到了，相信你也行！我只是學會了將不可能化為可能的平凡女性，一切都多虧了本書介紹的原則，以及我的莫逆之交——也就是宇宙——的幫忙。有時，我們得磨上十年才會遇到全面逆轉人生的一年。你準備好讓今年成為翻身的一年嗎？

那麼，我們啟程吧！

與成功對頻

- 無論你此時此刻處於什麼狀態，都不會是你下一週、下個月或明年的狀態。
- 心理學對改變你的生活出奇重要，一切都始於你的心智。
- 讓宇宙摻一腳，你的成功可以一飛衝天。跟宇宙結為好友，就是你的祕密武器。
- 暫且不要批判，先看完整本書、完成全部的練習與行動再說。
- 你得決心轉變自己，這一套才會有效。

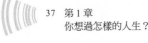

「做就對了！」練習

把批判關在門外

我們來交代你的第一項練習，我在看了潘．葛蘿特（Pam Grout）的《九個實驗，印證祕密的力量》（*E-Squared*）之後，做過一樣的練習。為了贏得你對我的信任，你得看到證明。畢竟，布丁是否美味，只有吃了才曉得。所以，我們來試探一下宇宙。規則很簡單，但你無論如何**一定**要遵守。你答應過我了，記得吧，你發誓要敞開心胸，把批判關在門外，先把書看完再說。

規則是：

1. 在隨後二十四小時，暫時擱置你所有的懷疑與揣測，徹底相信宇宙是你的死黨，會與你一起創造。你只要配合二十四小時就好（現階段）。
2. 我要你找個安靜的地方，跟著我大聲說出以下的要求。你可以調整措辭，意思到了就好。「嗨，宇宙，我需要相信你會罩我，我才有辦法真心信任你，所以我要拜託你幫個忙。我要你證明你有在聽我說話。請在二十四小時之內，送我一份禮物。禮物由你決定，反正給我一個驚喜就對了。還有，要給我一種了然於心的感覺，我才能確定那是你送我的。」

3. 好，現在你的任務是尋找禮物。對，別忘了你向宇宙提出了請求，現在你得認定禮物已經在路上了。你必須了然於心這件事正在發生——百分之百相信。當你在餐廳點菜，你會充滿信心，認定你的餐點會出現。你向宇宙訂了一份禮物，你也必須抱持相同的期待。

4. 放輕鬆，等著收禮物。

你要完全遵守這些規則，看著宇宙如何把禮物送上門。禮物可能只有小小一份，但是別忘了，在二十四小時內蹦出來的驚喜，便是你一直在等待的禮物。我甚至讓老公做過一次這個練習。他心不甘情不願地請求宇宙送來一份禮物。第二天，他在打掃的時候發現一支不知去向好幾週的遙控器，心花都開了。他喜出望外，說他實在不敢相信有這種事——他還以為遙控器永遠回不來了呢！我望著他，提醒他我們在前一天做的練習。我露出笑容，而他從此對宇宙深信不疑。

現在輪到你了。遵守規則，看著魔法在你眼前展開。

第 2 章

一切都跟振動頻率有關

嫻熟地駕馭振動頻律將是你的新嗜好。

我記得第一回墜入愛河的經驗。整個人神魂顛倒的那種愛。那一年我九歲，我參加兩週的夏令營，在那裡得到了認識愛情與自己的早期教訓之一。

他名叫文尼，八歲，身材有點圓圓的，有一頭深色的頭髮，但他不知怎麼地點燃了我的愛火。我記得見到他時的興奮，也記得與他分開時的惆悵。

不僅如此，我記得自己吞了熊心豹子膽。我根本不害怕表達自己的情感，顯然天生就是浪漫胚子，小小年紀便被迪士尼洗腦啦！

我揀在最完美的時機，去故足以贏得奧斯卡獎的告白，也就是在兩週的夏令營即將劃上句點之際，在當地休閒中心的泳池裡傾吐愛意。依我說，沒有比那更浪漫的了。

我示意文尼進到水裡，待在五顏六色的巨大充氣設施旁邊，我屏住氣息，以優雅的姿態向下潛進水底。我開始瘋狂地指著自己的眼睛，再引導他的視線，讓他看見我在拍我的心口，收尾的動作則是指著他。

「我愛你！」我以嘴型說出，老天，我真心真意。

我實在不記得那時發生了什麼事。我很想說他以類似的方式回應我，但我八成壓抑了被他拒絕的記憶，與我在那一年之後的那一堆告白失敗經驗堆在一起。這一段感情隨著夏令營落幕，我才九歲，卻從未忘記自己的第一段夏日戀曲。

他住在另一個城鎮，我們完全沒有重逢的機會，但我日日夜夜做著初戀的美夢。三年後，我搬了新家，文尼的家居然在同一條街上。

十年後，我在一家酒吧遇到他，他在醉酒神志不清下，得意洋洋地向全部的朋友說出我如何在水底下，向他宣告我不死的愛戀。我實在吃不消那種驚嚇，差點喘不過氣。

也許你覺得這只是無巧不成書。但以我要在這一章分享的內容，你很可能會開始看出能量運作的威力，以及我們的意念如何指揮宇宙，塑造出我們的現實生活。我很確定自己「顯化了」我們舉家搬進新住處的事件，好讓我與文尼團圓。

心想事成的背後原理

來，且讓我為你細說從頭，因為了解顯化背後的原理是必要的。當你顯化一件事物，便是將你曾經想過的東西，帶進現實裡。

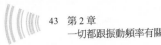

這稱為吸引力法則，簡單說，就是你可以將自己想要的事物，吸引到你的人生裡——因為你的意念，絕對可以化為你現實生活裡的事物。這是宇宙法則，也就是說，隨時應驗在每個人身上，不論你有沒有意識到都一樣，我們無法干預法則的運作！記得在我的成長過程中，母親總是告訴我，只要有心，凡事都做得到。她是對的，但背後的那一大套道理我卻不曾真的了解。

吸引力法則說，我們可以吸引來任何真心渴望的事物。**在物質世界的一切，包括我們的身體、感情、財務，都直接反映出我們的內在狀態與思想**。一言以蔽之，你的內心感受反映出你看到的外在世界。你對外在世界的認知，則與你的內在世界息息相關。也就是說，無論你有沒有察覺，我們生活裡的正向影響力與負向影響力，都是我們自己招攬來的。

這不是怪力亂神的胡說八道。身為人類，我們相信自己目睹的便是現實，這是我們非常仰賴的觀念，也難怪大家不能真的認知到眼見為憑之外的事物。在電磁波譜內，有許多形式的能量——無線電波、光、聲音、紅外線、紫外線、伽馬射線只是幾個例子。這些都存在於我們的周遭環境，可用科學儀器測量，卻是人類的肉眼看不見的。所以說，我們必須向看不見的事物敞開心胸。我們看不見重力，卻可以感覺到重力讓我們停留在地面上。我們看不見電力，但我們知道不可以把手指伸進插座裡。信任吸引力法則，代表你信任在我們周遭運作不息的無形力量。

花一點時間，想一想你的現實世界與在這個世界上的有形之物——汽車、房屋、人、一個裝滿班傑利冰淇淋（Ben & Jerry's）的冷凍庫——好啦，可能只有我的世界是這樣。在汽車問世之前，先有汽車的概念。在興建房屋之前，先有蓋房子的欲望。在班傑利公司生產一桶桶熱量破表的美味冰淇淋之前，先有建造冰淇淋帝國的意念。如今在現實世界裡的萬事萬物，一開始都是一個想法、一個白日夢，或是一個欲望。

當然，我沒有否認你必須行動的事實。汽車不是在汽車的概念誕生後，就像哈利．波特的巫術那樣，立刻從一縷青煙裡神奇地蹦出來。一間公司不會只因為有人想要一百萬元、思忖起要一百萬的事，錢就自動上門。我們有形的身體，得跟無形的宇宙智慧共同行動才行。宇宙智慧全程協助我們，提供我們正確的機緣與見解，於是我們可以輕鬆地讓想法開花結果，成為現實。

當你心裡想到什麼事情，宇宙智慧便會動用自己的能量，來實現你的想法。如果你一直幻想有一位新的人生伴侶，等到這個願景在你的心裡穩固下來，宇宙便會幫忙創造情境，讓你得以邂逅那個人。只要是你想得出來的事，都可以在現實世界中顯化。你之所以萌生那樣的想法，是因為那是你理應擁有的事物。你之所以得到那樣的欲望，是因為那是你理應擁有的事物。如果你可以在心裡看見一件事物，你便擁有將它化為現實的力量。讚吧？但請務必了解，儘管思想是有創造力的，並不是每一個意念的創造力都一樣大。你想過的每一件事情都實現了嗎？謝天謝地，才沒有咧！想像一下，假如青少年的每個念頭都實現的話會怎樣──那就天下大亂啦！

我們內心的念頭很多都不曾顯化，是因為缺少許多讓念頭化為物質實相的必備條件。大部分念頭的力量不夠大，不能促成事情發生。這些念頭背後沒有足夠的抱負、渴望與信心，重複的頻率也不夠高，無法取得引發能量流動的力量。**不論你把注意力放在什麼事物上，只要你用大量的正向能量餵養那件事物，那件事物便會成長**。願望與專注力可以給吸引力法則灌注能量，然後吸引力法則便真的將你變成一塊可以吸引你願望的磁鐵，將你要的一切從無形的意念世界，輸送到現實的世界裡。

有些事物需要較長的時間，宇宙才能籌劃妥當，有的意念卻是三兩下便輕鬆顯化，甚至不必耗費多少的能量或專注力。你是否曾經想到某個人，那個人便突然打電話來？或許有人會說這是巧合、偶然或運氣。但我相信那是宇宙在為你示範，你所想的事物會成真。

能量把想法化為現實

物理學告訴我們，整個宇宙便是能量與資訊的活動，在某個層次上，萬物都是以相同的原料構成的，也就是碳、氧、氮。

想像一顆番茄。一顆漂亮又多汁的紅番茄。番茄從何而來？你是不是在說：「種籽？」好，如果拿幾顆番茄籽，用手指撮揉得夠久，會發生什麼事？番茄籽會分解成粉塵。如果把這些粉塵放在顯微鏡底下，你不會看到任何可以長成番茄的神奇分子；你只會看到構成我們與萬物的相同原子。

我們跟番茄籽的粉塵都是以同樣的玩意兒構成的，但某個東西令番茄籽粉塵變成漂亮又美味的紅番茄，那是一股浩瀚的勢能。同一股勢能將我們的意念轉化為物質現實。同一股能量讓我們的頭髮和指甲變長，幫助我們天天呼吸。我們將這一切視為理所當然，不會停下來質問這一切實際上是如何發生的。

說到底，我們的組成成分，與椅子、樹木、番茄、甚至是你時常從床底下撿回來的散落臭襪子都沒兩樣。一切只是一大堆在振動的能量粒子。這是令我大開眼界的揭示。所以說，在本質上，我們全都只是會走路、會講話、會思考——但願不會臭的——襪子。好啦，我可能扯太遠了，但這讓我發笑。

番茄籽是潛在的大番茄——它是番茄背後的「概念」。我們很篤定地知道，如果我們種下番茄籽，給它澆水，給它陽光……碰，番茄便出現了！我們毫不懷疑番茄籽會長成番茄。我們相信它會長大，即便我們從來不捫心自問，究竟是什麼讓它成長。其實，那股不可思議的力量便是生命背後的無形能量與智慧，不同的圈子以各式各樣的名稱來稱呼這股力量——源頭、上帝、大自然、礦脈、阿拉、女神或生命能。

這些名詞說的都是同一回事，那是一股強勁至極的能量，可以將想法化為現實。我在本書將這股無形的力量稱為宇宙。宇宙接收我們的心智畫面，協助我們將之轉化為完美的工作、夢想中的車、Mulberry 精品皮包與理想的伴侶。信任這一股無形的自然力量，可以讓你轉化生命的速度快馬加鞭，因為你會安然自在地知道自己不必孤軍奮戰，可以有意識地與宇宙共同開創你的人生。所以說，現在你就曉得了，簡單來說，顯化便是能量。

不論你喜不喜歡，信不信，這股能量隨時都在幕後運作。不論是想減肥，想找到一生一世的摯愛，或是想賺更多錢，你都可以使用具體、務實的方法，改變精神上的觀點，實現目標，而我會在全書與你分享這一切。但是，知道凡是你由衷渴望的事物，你都可以開創出來，自己設計夢想中的生活，這是很美妙的。

如何創造如願以償的人生？

先說一聲，儘管你可以運用幾個明確的步驟，積極自主地創造你的生活（又稱顯化），但顯化也是我們自然而然便做得到的事——當你看完整本書，開始著手釋放你的潛力，你會發現顯化事物變得愈來愈自然，比較不像是一步接一步的程序。

關於這一點，我聽過一個非常精闢的解釋。假設你小時候在學校裡修讀顯化之道，顯化的概念對你來說，就會是天經地義的，你甚至不會想要質疑。你的父母、老師、同窗都認同你對顯化的信念，因此你知道如果想要某件事物並付諸行動，便能如願以償。你的信念會不一樣，你的人生觀會大不相同。

顯化的第一步是「決定你真心想要的是什麼」。第三章的全部篇幅都在討論如何設定目標，協助你雕塑出理想的生活。第二步是「認定一切已經大功告成」，全然信任吸引力法則。這很難，大腦會跟你唱反調，畢竟你不是真的念過傳授顯化之道的學校，所以你得訓練心智，重新設定大腦去相信顯化的道理。期待是一股強勁力量，原因在於當你有所期待，你會長出自信，認為自己可以創造渴望的人生。當你在生活中見到愈來愈多事情發生了，目睹顯化成真的想法愈來愈多，你會萌生信心，這會協助你相信這玩意兒實際上千真萬確。

在第一章結尾的「做就對了！」練習，我交代你在二十四小時內，都要認定宇宙會捎來禮物，就像你上館子時，也認定你的餐點會送上桌一樣。想像你真的念過那一間灌輸顯化概念的學校。你一邊閱讀本書，一邊開始看到情況轉變，你對顯化的力量會更有信心，你的「信心肌肉」會增強。你不會懷疑自己能不能得到圓滿的結局，只會採取受到啟發的行動，全然知曉並期待你要的結果成真。

稍後也會解釋什麼叫「受到啟發的行動」。要採取受到啟發的行動，就必須了解你有哪些與願望不符的頑強信念，以及如何重新設定你的信念。（我們很快便會解決這件事。）

如何隨時與成功對頻？

想要發狂也似地顯化，最重要的破關要素之一，便是控制我們的感受。**你的感受會發出振動頻率**。你是否曾經說某個人「很高頻」或「很低頻」？其實，我們人類確實感受得到別人的振動頻率。**當我們覺得喜悅、愛、自由、感恩、熱情，我們便真的會散發較高的頻率，當我們覺得恐懼、抑鬱、哀傷、不安、愧疚，我們振動的頻率便會暴跌**。

想要顯化，我們的振動頻率便必須與宇宙對頻。想確認自己是否與宇宙對頻，想知道我們散發的振動頻率是在吸引我們要的事物，還是在把它推走，便必須仔細觀照自己的感受。

想像你有一台收音機，你得接收宇宙電台，才能夠顯化。宇宙電台的振動頻率很高。大致上，當我們心情愉悅，便是處於「吸引」模式，對準了宇宙電台，當我們感覺不好，便是對準匱乏的頻率——姑且稱為鳥事電台。我們的心情愈美麗，便愈敞開，愈容易讓願望成真。簡單說，**我們的心情是最明顯的指標，可以知道我們有沒有對準頻率**。

你有沒有注意到有些人似乎擁有一切，「運氣」超級好，美妙的事物接二連三地落入他們手中？反之，回溯一段諸事不順的日子。沒有所謂的巧合。說到底，就是你的能量依據你的心智釋放的振動，創造出一切，這便是吸引力法則的運作方式。

暫且不談能量，**從心理學的角度來看這一點。如果你想要某件事物，心情愉悅，精神飽滿，抱持「正向的心態」便會協助你採取行動，去實現願望。無數的學術研究顯示，快樂的人在人生的各個領域都成功，包括婚姻、友情、收入、工作表現與健康。心理學家也主張，快樂與成功之間的關係，並不只是因為成功令人快樂，也是因為正向的性情能夠灌溉成功。**

很久以前，我在偶然間第一次聽說了吸引力法則，儘管我抱持憤世嫉俗的心態，但我什麼都願意信。我想要顯化十萬英鎊（約新台幣三百七十萬元），卻沒有意識到吸引力法則有一套啟動的流程，必須照著做才行。我只是坐在那邊大嚼墨西哥玉米片，當我要求的十萬英鎊顯然不會憑空出現之後，便立刻納悶起宇宙為什麼討厭我。其實，我的心態不正確；我穩定地對準了鳥事電台。當我的能量如此低落，是永遠吸引不到半毛錢的（也不會做任何事去賺那十萬英鎊），因此我很快便對吸引力法則不屑一顧。

管理自己的能量，是顯化願望的頭號原則，也是人類最難辦到的事之一。為什麼？因為只要我們老是讓自己被過度潛移默化的潛意識主導大局，輕易隨著現實世界裡的事情起舞，我們便不會去取用最高的潛力。我們的情緒，常常是周遭情勢變化的副產品，會受到別人的影響，而潛意識會限制我們的思維模式。

那要怎麼著手改變自己的能量，隨時對準宇宙電台的頻道？我們要如何隨時保持歡欣喜悅，擁有飽滿的能量？聽著，我要講一句實在話，我們是人類；有時就是會遇到令我們火冒三丈的事，例如收到違規停車的罰單，或是（又一次）跟婆婆鬧意見。但說真的，萬一真的一不小心，發現自己轉到鳥事電台的頻道，高唱「可惡、可惡、可惡」的小曲，照樣有管理個人能量的方法，可以讓我們快速回歸正軌。有時，我們生活裡會發生糟糕到極點的事情，徹底擊垮我們，我們便盤旋著墜入低落的狀態。

儘管如此，你要負起責任，要對自己的狀態超級敏銳（本書會協助你做到），即使生氣、暴怒、吃味、嫉妒或任何負面的情緒纏上你，你都知道如何快速轉換自己的能量，恢復正面的狀態。這可不是要你壓抑或忽略負面的情緒。負面情緒對我們生活的重要性，與正面情緒不相上下，因為負面情緒提供了寶貴的資料。我們得全面感受到自己的內心怎麼了，原因有二：

1. **當我們心情低落或挫敗，或是遇到挑戰，負面情緒可以充當指標，表示那是我們不**

想要的事物。你聽過多少次白手起家類型的成功故事？在這種故事裡，一個人往往要墜落谷底，才會由衷渴望做出巨大的改變。

2. **當我們經歷人生中的艱困時期，負面情緒會揭露我們需要哪方面的韌性、自信與熱忱**。這是我們洞悉自己是否在扮演受害者的機會。

要明白，疼痛是肉體上的，但受苦是精神上的，即使在人生最悲慘的時期，我們永遠可以選擇換一個想法。保持正向不是鬼扯——我們真的可以選擇從不同的角度看待每一種情況，找到出路。

我知道自己的夢想與願望，全都仰賴我保持高頻的振動，而我已經把維持在那種狀態的方法，修練到爐火純青了。我要你青出於藍。嫻熟地駕馭振動頻率將會是你的新嗜好，等你看完這本書，你會擁有完美駕馭振動頻率的全部技巧，你將會宛如超級英雄。我知道不論自己如何渴望飛行，若是不使用某種尚未發明的噴射裝置，絕對不可能飛上青天，但是我由衷相信我們人類可以精通振動頻率，達到顯化一些狂野目標的程度。

那我們要如何才能駕馭振動頻率，彷彿魔法師一般，把我們的想望統統吸引過來？（聲明一下，最後我真的在一個月內顯化了那十萬英鎊——這一套真的管用。）

有意識關掉小我的負面思維

第一步是請你想像有一條筆直的光的通道，從你的頭頂向上連結到一顆大大的黃色能量球。（你在瑜伽課做過這個練習嗎？）這一顆大大的黃色能量球是宇宙的中心。好，那條光的通道必須是明亮的白色，我們才能顯化我們要的事物。我實在不忍心告訴你，很多人的這一條通道是黑的——沒錯，是黑的！雖然大半時候，我選擇穿著黑色的服飾，但是我們與宇宙的連結管道必須是亮燦燦的白。

那一股黑色來自多年的耳濡目染、比較、論斷、批判與埋怨。有這些毛病的人自己招認！要命，誰不是啊，如果你正在搖頭否認，不如現在就放棄你要轉化人生的大話，因為跟自己誠實是天字第一號的步驟。你的任務是清理這一條通道，才可以直接、清晰、快捷地連結到宇宙，顯化最深層的願望。

那我們如何清理與宇宙的連結？好，我們得了解有幾種內心的運作，會侵蝕這條通道，導致它發黑。我們先從一項事實講起：雖然我們是一個人，但我們有不同層次的運作模式。

第一，誠如本書前文的說明，我們從意識層次與無意識層次來生活。恐怖的是，我們的所作所為有超過八成是由潛意識決定的。大腦為了節省能量，會讓我們用「自動駕駛」模式完成日常作息的流程與思考。記住，大腦只是一個類似電腦的器官，它會儲存並處理資訊。

第二，我們可以從小我（Ego）的層次過日子，也可以活在較高智慧（Higher Wisdom）的層級中，我稱之為靈魂。我會以最簡明、最單純的方式，從靈性的角度解釋小我是什麼，不採用心理學的觀點。小我是你的「思維」部分，它的聲音來自社會的薰陶與往昔的經驗。它的預設狀態已經演化成恐懼狀態，而小我的聲音多半是不理性的。小我依據你的人生經歷來製造錯覺，否認有一部分的你不是扎根在這個物質世界裡。

我們行走人間，相信小我說的是真話，因為那是我們心裡最響亮的聲音。對於這一點，索甲仁波切（Sogyal Rinpoche）在《西藏生死書》（*The Tibetan Book of Living and Dying*）有精闢的說明：「在你的一生中，有兩個人始終住在你的心裡。一個是小我，嘮嘮叨叨、要求很多、歇斯底里、充滿算計；另一個是隱匿的靈性存在，其平靜的智慧之聲你難得聽到一次，那是你很少注意的聲音。」

大學時，我與最要好的朋友住在一間學生公寓。她會逗我笑，總是令我覺得自在，她愛我的本來面貌。我們決定找一位新的室友，有一位我們認識的人很快便趁著這個機會，搬來與我們同住。但情況隨即急轉直下。新的室友很負面，凡事似乎都只看最糟的一面。她令公寓的氛圍惡化，在她身邊，我們的脾氣總是會變差。

那時，我們都是合購生活必需品，例如衛生紙。有一次，這位討厭的室友非常嚴厲地控訴我的好友濫用衛生紙。她責怪她衛生紙用得太凶，堅持她一次只能用一、兩張！當然，我們覺得這太搞笑了，想不到我們的室友心態如此狹隘，把管制衛生紙的用量搞成我們公寓裡的問題。話雖如此，她不斷提出不理性的要求，令我們覺得必須如履薄冰。

小我便是火力全開的衛生紙糾察隊！小我逼你四處奔波，讓你相信快樂只能從外界求取。它喜歡說我們缺乏財物，讓你相信出去追求物質會令你快樂。諷刺的是，一旦你得到那件「東西」，小我又會說還不夠。小我也常常設想最慘烈的情況，怪罪都是別人害我們不快樂，論斷身邊的每個人。小我的聲音總是自以為是，討厭別人的質疑，喜歡覺得自己被迫害。小我說服你要自私，只關心自己，因為根據小我的說法，人生在世就是為了工作、受苦，然後死翹翹。小我讓你像無頭蒼蠅一樣汲汲營營，要你去追求成功，而且不打算讓你有大功告成的一天。小我會告訴你，沒人喜歡你，你不夠好看，你的屁股太大。簡單說，小我有一點混蛋。

在小我的生存層次中，我們處於自動駕駛的模式，只是任憑我們的念頭引導我們，從不質疑自己的真正目的是什麼，不會去想我們是否發揮了真正的潛力。

我們必須超越這種低階的生存層級，才能真心感到快樂，顯化夢想中的生活。在下一個生存層級，我們覺知到自己的意識，開始明白思緒不過是思緒，只是大腦吐出來的資訊（大腦是操作系統），如果我們開始察覺到自己的念頭，便可以隨時改變想法。於是，我們可以開始另一個判若雲泥的層級生活，也就是靈魂的層級。

大部分人都處於小我的模式，而我的工作是協助你將開關切換到靈魂模式。在靈魂的層次上，你開始了解自己與宇宙智慧的連線，明白自己具有顯化的力量。當你開啟了靈魂的開關，便不再帶著恐懼過生活，體認到自己有無限的潛力，人生有無限的可能。或可說，靈魂是你內在的神聖部分，直通宇宙。

靈魂從靈性層面與情感層面照顧你，跟你溝通時，常常不是使用言語。你心裡的小我之聲是很強勢、很權威的，靈魂「說話」的聲音則比較輕柔安靜。靈魂往往會先用含蓄的方式溝通，但也可能會糾纏不清或嘮嘮叨叨。當你連結到你的這個神聖部分，一切似乎都有了道理，你會有一種了然於心的感覺。靈魂只從愛的角度看待世事，自豪地選擇戴上閃亮亮的玫瑰色眼鏡來行走人間。

靈魂知道你很棒，即使你根本沒有小我要你拚命追求的物質事物。靈魂會輕輕擁抱你，用直覺與啟示來指點你，讓你了解自己的點子很重要，你在這個星球上有大事要做，靈魂給你的指引，向來是以你的最大利益為依歸。

在人生的大半時候，小我就像可惡的室友，吵鬧不休，讓你在生活裡戰戰兢兢。隨著年齡增長，小我的力量更形穩固，講話更是粗聲粗氣。它會蓋過靈魂的聲音。

為了清理發黑的通道，重新啟動你與宇宙的連結，你必須能夠完全認清在人生的每一時每一刻，是誰在當家做主。小我與靈魂總是在爭戰，可是一旦你升級到意識清明的層次（大部分人從未做到），人生便會重拾不可思議的力量感。

當我們的人生是由靈魂掌舵，受到靈魂的引導，我們的能量會自動一飛衝天。我們學會停止論斷、比較、挑剔，開始去愛、去原諒、去感恩，喜悅地生活。當你受制於小我，你會咒罵在路上切進你車道的傢伙，不會笑著讓他先走，因為你知道多等一下無所謂。小我會囉哩囉嗦，說你永遠不會成功（所以就別妄想投入那一項新的投資啦！），但靈魂就像你的莫逆之交，會全程不斷給你靈感提示，在旅程中給你加油打氣。當你秉持著愛去生活，便是靈魂在帶領你。當你活在恐懼，那是小我的狗屁。

常有人問我如何顯化出如此美妙的人生，我會在本書分享我改變自己的點點滴滴，但一切都始於我意識到自己的思維，選擇用愛生活，不理會討厭、咄咄逼人的小我。當你開始體認到是誰在主導一切，便可以開始調整自己的能量狀態，確保自己以愛的高頻能量在生活。我開始觀察自己的思緒，領悟到我隨時可以選擇轉念。人類是天之驕子，可以訓練自己的心智，讓自己覺知到我們想在生活中創造或取消的能量與資訊。我們是能量：我們顯化的一切都只是能量。

但讓我告訴你，你可能會覺得現狀真的很難改變。改變心態，敏銳地覺知到自己的思緒與行動，大概是我們最難做到的事了，但要釋放長久蛻變的力量，讓幸福可以滲入我們的生命，改變心態便是你的通關祕訣。現在我知道當我消弭憎恨、羨慕、嫉妒、自私與憤世嫉俗，培養出一份即使對方是最可惡的討厭鬼，我都願意去愛那個人的那種愛，最重要的是愛我自己，我便可以心想事成，因為我可是連結到宇宙電台呢！

我知道對別人抱持負面的態度，絕不會把我要的成功吸引過來，而我想要成功。問題是：你有多渴望成功？

假設你起床時從錯的那一邊下床，哀嘆那是星期一的早晨，而你得勉為其難地回到你厭惡的工作崗位上。你的心情立刻因此惡劣起來。這股能量的頻率很低，與你想在人生中得到的一切是絕緣的——你對準了鳥事電台，但在那一刻，你可以選擇換個頻道。你可以播放碧昂絲的音樂，像個瘋子一樣在房間跳舞，提醒自己你很棒，你有逆轉人生的力量。換個念頭，就可以改變情緒，提升你的能量，引導你的行動。現在你可以專注在脫離朝九晚五的逃亡計畫，不再停留在你的現況中。

這樣你就明白了，改變心態是啟動吸引力法則的必要條件。根據吸引力法則，你要看見自己可以自由控制未來的發展，你可以選擇如何塑造未來。這很令人振奮吧！

不管你是否全然相信這一套，基本上，這裡的與成功對頻就是當我們感覺良好，我們能夠成就的事情便會暴增。**當我們選擇不再用負面的濾鏡看待生活，便打開了一個充滿可能性的世界。關鍵重點是，你可以選擇。你可以選擇轉念，改變感受**。這表示只要你想要，就可以全面控制人生。你不必繼續相信自己被困在現狀裡，相信人生只能任憑童年的潛移默化宰割，那一類的信念全都不必再有了。

與成功對頻

- 顯化，便是將自己曾經想過的事物帶進現實。
- 如果要顯化，你一定要與宇宙電台對頻，以高頻率振動。
- 為了維持在「高頻振動」，你務必要察覺到自己的感受，學會控制。
- 小我是你內心充滿恐懼的那一部分，是從童年的薰陶創造出來的。
- 靈魂是你內心充滿慈愛與力量的那一部分，直通宇宙智慧。

「做就對了！」練習

寫下五個感受、五個信念、五個想法

這是改變你能量的密技。當你能夠對準自己最盛大威猛的人生版本，與那個版本的自己的能量對頻，便能夠提升你的振動。最快的顯化方法是確保你**現在**的能量與宇宙電台同頻，即便你的現況與你渴望的狀態不太吻合。你的思維與行動要與你的未來一致，而不是與你目前的現狀相符，這似乎很令人暈頭轉向，卻可以立刻為你指點迷津，教你如何改變對事物的思維。

花一點時間想像十年後的你已經擁有渴望的**一切**：金錢、夢想中的伴侶（或是過著單身生活）、緊實且沒有病痛的健康身體、有一個愛你的家庭、有稱心如意的友情，外加一架私人噴射飛機。

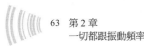

我要你想像自己真的、真的很快樂，身、心、靈皆滿足。你在心裡看見的這一位「未來的自己」會發出極高的振動頻率，因為那是最棒、最快樂、最心滿意足的你自己。當你在心裡看見自己活出最輝宏的人生，感受自己內在的能量變化。

現在寫下五個你會有的感受，五件你會**相信**的事，五個在你變成自己夢寐以求的狀態之後會有的**想法**。你可以利用附錄的筆記頁寫下來。

這便是你要帶進日常生活的振動頻率。

你可以駭進自己的顯化過程，將這五個感覺、五個信念、五個想法召喚到當下這一刻。如此一來，你會成為宇宙正向能量的磁鐵，協助自己催化理想的未來版本的你。

第3章

你的注意力決定你的境遇

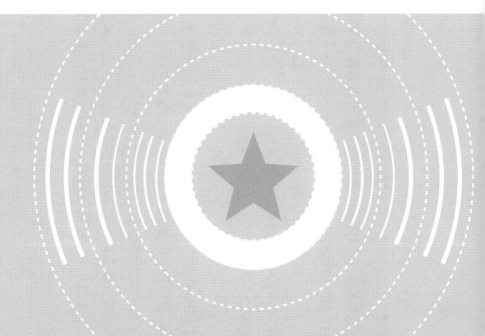

不要降級你的夢想，要升級你的信念，寶貝。

猶記得我跟學校的就業輔導顧問靦腆地說，我要當女演員——老實說，凡是能讓我站在舞台上表演的工作都行。我靦腆是因為數不清有多少次，別人說演藝工作不切實際，不能給我穩定的生活。我幾乎要從心底相信，我想要的人生是不可能實現的。那是一派胡言。每次別人談論起我的未來，我都覺得夢想被推開，離我愈來愈遙遠。或許你也心有戚戚？

那麼，猜猜我小時候因此得出什麼結論？不要有目標。不要有遠大的夢想。別再吐露別人會說我辦不到的目標。保持務實，保持安逸，保持平凡。

這便是我被灌輸的觀念，各位一定很了解我在說什麼。我對人生的目標變成牢牢鎖定其他人都在做的事、每個人要我做的事，以及我認為社會接受的事。我停止聆聽自己的直覺，不再為我的夢想奮鬥，我覺得自己就像尼莫*一樣奮力尋找回家的路。

吸引力法則有個與成功對頻，就是你得明白你將**注意力與能量放在哪裡**，**決定了你的境遇**。在這一章，我將分享如何訂立會令自己興奮的目標，以及即使你覺得目標遙不可及，又要如何達成目標。我要你自在地設定會令你領口底下發熱、甚至令你有一點膽怯的目標，因為如此一來，你便知道你對自己很真誠，你允許自己抱持超級遠大的夢想。

定義對自己有意義的成功與目標

目標會帶來方向感，消除被壓垮的感覺，等你敲定了行動計畫，著手實現你的目標，嗯……你就無往不利啦！有太多我見到的人會問我一個問題，這個問題我也問過自己十幾次：「我這輩子該做點什麼？」身為人類，我們有各種需求，除了需要食物、棲身之處與愛，我們都有成長的欲望。正如馬斯洛的需求層次理論（Maslow's Hierarchy of Needs）所述，我們都有「完全發揮一個人的能力」的欲望。

人類需要覺得人生有目標。我們要成功。成功的樣貌繁多，絕不是只限於金錢——在本書一開始，我便提到對我而言，成功是感到快樂與自由。我在人生裡的一切作為，都讓我可以選擇隨心所欲地生活，去做賦予我人生意義的事，這就是我心目中的成功。

但對你來說，成功是什麼？真的會坐下來思考自己想要什麼的人少之又少，實在令人咋舌。這是改變人生的第一個通關祕訣，請你現在花一點時間，靜靜坐著思考你夢想中的生活

---

* 動畫電影《海底總動員》的角色，是一隻小丑魚，因故與家人失散，一直努力設法回家。

是什麼樣子。你住在哪裡？在做什麼事？賺多少錢？已婚嗎？有小孩嗎？也許你獨自住在泰國的海濱小屋，或在厄瓜多與佛朗明戈舞者結為夫妻。不論你夢想中的生活是什麼樣子，我要你用一點時間問自己：成功對你的意義是什麼？成功是什麼感覺？

假如你坐進車子，開始漫無方向地駕駛，沒有設定目的地，你只會浪費汽油，感到喪氣。人類的基本生存需求之一是成長，要是沒有不斷進步，我們的內在會卡卡的。當我們缺乏目標與方向，生活會很沉重，這種不圓滿可能顯化為焦慮、抑鬱、憤怒、身體的病痛、愛上第一級毒品（我是過來人，還有戒癮過程遺留的疤痕可以為證）。

即便是「成功」人士，如果他們追求的目標主要是在物質層面，可能也會承受這些情緒與經歷。許多名人表面上擁有各種成功的表徵——金錢、名車、豪宅、名氣——媒體上卻充斥著上癮與精神崩潰的報導。為什麼？因為這些人致力追求的那一種成功只限於物質的豐足，遵循小我的帶領，犧牲人生的其他領域。到最後，許多人便落入相同的處境——一敗塗地，去戒毒。請你不要走那條路。我要你擁有可以滿足靈魂、令你快樂的願望。我要你活出最佳版本的自己，不要只努力改善某一方面的生活。

另一個重點是**你的目標必須是你自己的**。相信我，很多人的目標不屬於自己。許多人念茲在茲的目標，是達成會令他們的父母顏面有光的事，是可以給他們社會地位的事，或是去做他們認為該做的事，卻不顧這些目標令他們痛苦不堪的事實。這些正是我不要你去追求的目標。

你最深層的人生心願是什麼？

我不僅要傳授如何設定令自己痴迷不已的目標，才能如願以償，我還要你出動你的祕密武器——宇宙！

那要從哪裡開始訂立目標？

首先，你得知道自己的方向。你的內建衛星導航系統，需要輸入目的地。你得徹底弄清楚你認為什麼才是成功，要了解一旦成功了，你會有什麼感覺，以及你會是什麼樣子。

別忘了：我們要的是駕馭振動頻率。這麼多人困在「不知道要做什麼」的萬年窠臼，就是因為不敢放任想像力去天馬行空，夢想著一切的可能性。「那怎麼可能實現？」的問題是他們的千斤重擔，他們不會沉浸在魔法中，在自己可能成就的一切事物裡感到興奮。

有鑑於此，請你拿一張紙，真實無欺地寫下你想要的是什麼。回答這個問題：**你最深層的人生心願是什麼，即使你打死都不曉得該怎麼做到？請你千萬要放下對不切實際的顧忌**。別管「怎麼做？」寫就對了。我只要你吐露自己的願望。

即使你不清楚確切的細節，只要你有概念，知道自己希望建立什麼樣的生活就好，最要緊的是，你要知道自己希望擁有什麼樣的感受。記住，這不是拍板定案的答案，以後還可以更改。本章後面的「做就對了！」練習會協助你釐清目標，但你只要知道，一旦你把目標都弄清楚了，事情便會接二連三地發生，讓你的目標成為現實——前提是，完成我要教給你的全部步驟！

如果前面的問題讓你腦筋打結，就想想目前不開心、不滿意的事。這是很不錯的起點。或許你不喜歡你的工作，或許你厭倦了孤伶伶地過聖誕節，或許你只能在超市的出清大拍賣架位撿便宜，而你不喜歡這樣的事實。有時候，把我們討厭的事物當成起點會比較容易，將你厭惡的事物當成你要改變的指標。

不是每個人都有造福世界的偉大目標，這一點問題都沒有。記住，成功的定義是自己決定的，因人而異。但是，**關鍵在於你得決定自己要些什麼，付出對等的專注力與愛，以實現你的目標**。要讓吸引力法則為你效勞，專注力是關鍵，因此設定真的很棒的目標，會讓你的心智有一個專注的標的。不管你聚焦在哪裡，事情會開始發生。

我來分享一下自己的人生是如何展開的，以及我遇到哪些變化。在二〇一三年冬天，我坐在自己的車上，待在我女兒去的托嬰中心外面，像個嬰兒一般大哭。我第一次把十四個月大的寶寶交託給一群陌生人。我清楚地記得自己心裡強烈地想要改變人生，我想要辭職，陪伴幼小的女兒。

問題是，我依然不曉得辭職的話會怎樣。我當時的目標只是一定要改變現狀，我要有人幫忙我找出改變的方法。我想要覺得自由自在。

我要你消化這句話。有時候，你不必知道更精細的細節；你只要知道自己最後想要得到什麼感覺，再放手讓宇宙指點你正確的方向。那正是我經歷的情況，隨後的幾年變成我最峰迴路轉的一段人生。那個低潮時刻變成我的基準線，點出了我想要改變的事物。

瞧，在我們迷失、困惑的時候，如果試圖以邏輯釐清事情，我們會排斥那些自己也不太能掌握細節的事。排斥的感覺並不舒服，會消耗我們的精力。當我請求援助，我最強烈的渴望是得到一個脫離困境的解決方案。從這個出發點，我唯一確定的是我要當自己的老闆，當老闆會令我覺得快樂而自由，讓我可以陪伴幼小的女兒。我的願望很熾烈，宇宙便完全動起來了。

一旦你有了渴望，宇宙的齒輪便會開始轉動，為你實現心願。但是，大功告成的日子可能來得很快或很慢，下文會告訴你，為什麼實現願望的速度快慢不一。

前文簡單交代過，當時的我並不知道自己翻轉人生的心願，會透過一連串的事件來實現，而那些事件一步步帶領我走到這一刻，寫下這本書。儘管如此，自從我浸淫在吸引力法則與設定目標的心理學之中，我找到了一個讓目標更快實現的方法。

來分享一下我的願望是如何演變的：

1. 我坐在車上像個嬰兒般大哭，想要賺一點錢，以便待在家裡。我想要賺五百英鎊（約新台幣一萬八千五百元）。（對，那時候我根本沒有野心！）
2. 幾週後，我的收件匣出現一封電子郵件，信件主旨是：「想要一個月增加五百英鎊的收入嗎？」那是我的第一個「啊哈」時刻，覺得吸引力法則或許真有其事。我報名了課程，課程教我如何在這裡、那裡撈個二十英鎊（約新台幣七百四十元），但我很快便明白那永遠沒搞頭，更別妄想帶來足夠的資金，讓我得到夢想中的生活。

3. 我在家裡創立一間婚紗公司。我說服老公將我們的閒置房間改造成婚紗沙龍，從中國訂購各種款式的結婚禮服。我旋即發現自己聯絡的廠商，絕大部分都不了解我的要求，最後我收到了一堆有點怪怪的婚紗，跟照片上的樣子截然不同。（剪裁很差、觸感粗粗刺刺、灰白色的婚紗，我還留了一套在我家的閣樓。）我很快便明白那不是我夢想中的生意，便收攤了。

4. 我不得不摸摸鼻子，重拾我厭惡的工作，而老闆呢，坦白講，是一個把我踩在腳底下的人。這就是人生。我需要錢。

5. 偶然間，我在媽媽的書架上瞄到一本書，覺得非讀不可；我得知了世界上有教練這個行業，清楚地記得我起了雞皮疙瘩，可見靈魂在積極地與我溝通。我心裡湧出一股一般稱為「直覺」的興奮感。這一點後面再詳談。

6. 為了當教練，我向大學申請入學，回歸校園，還懷了二女兒。我一邊修讀關於教練的學士後課程，一邊再一次擔心起財務問題。我勢必要請產假，但我不想又過九個月省吃儉用的日子。因此我釋出了想要一個解決方案的渴望。

7. 另一封電子郵件出現了，這一回是提供建言，教我如何在亞馬遜網站經營實體商品的生意。

8. 我壯著膽子豁出去，因為我的直覺說：「就是這個、就是這個、就是這個。」在我們稍後會進一步介紹的流程中，這是不可或缺的程序。

9. 在我第二度請產假的時候，我透過在亞馬遜網站販售商品，得到第一筆六位數的進帳，但依然不滿意。所以我又一次遵從直覺與宇宙送來的路標，展開了我的教練生涯。其餘的大家都知道了……

各位可以看到，我的目標實現了——對，不是一夕之間（實際上橫跨兩年），但真的實現了。宇宙傾力相助，而我遵循指引，在必要時硬著頭皮拚了。那些指引來自我的靈魂，我開始信任靈魂，聽從靈魂的話語，不顧我的小我全程都在反駁。同時，我也致力活出最佳版本的自己，因為我開始明白最佳版本的自己無所不能。所以，我展開靈性旅程……後來還為宇宙效勞，成為羽翼已豐的宇宙代言人。

設定目標的規矩

不要光是想想，要訴諸筆墨

人生分為八個領域，每個領域都得選擇一個大目標（詳見本章結尾的「做就對了！」練習）。作個決定。思考你真心想要的是什麼，然後寫下來。寫下來的目標遠比只是在虛空之中飄飄蕩蕩的目標更有力。書面文字令目標變成具體的實質存在。**許多研究顯示，寫下目標的人實現目標的可能性，是不寫的十倍**。宇宙不在乎你的目標是用銀筆寫在皮革精裝的日誌上，還是用蠟筆寫在衛生紙上。所有的書寫都是儀式，協助你的願望具體化，給你凝聚專注力的實質物體。

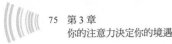

誠實永遠是上策

你也必須以露骨的誠實態度，承認自己要什麼。如果你與宇宙沒有精密的對頻，你的能量會散逸到四面八方。上天把願望送來給你是有原因的——因為那便是注定要給你的事物。再看一遍這句話。如果你有一個願望，那便是你注定應得的事物。如果你寫下要賺一千英鎊，但你真正的願望是吸引來一百萬英鎊，那就老實招認吧！宇宙對你最深層的渴望瞭如指掌，不如你就在紙上誠實，胸懷壯志，寶貝。

目標必須感覺很真實

你寫下的目標，即使很難達成也無妨，但必須是你有可能辦到的。如果你覺得你的目標打死都不可能實現，你的能量便會大聲嘶吼出你的感覺，目標便永遠不會成真。如果不相信自己有顯化願望的能力，你就毋需多此一舉。道理就這麼簡單。你得知道自己辦得到，也真的會辦到。你要宇宙全面啟動，就沒有疑神疑鬼的空間。如果你跟最後一任的俊男美女分手了，你會懷疑你的知心朋友不會帶著一盒巧克力跟面紙來陪你嗎？才不會咧！我的好朋友永遠挺我。宇宙也是。

假如我訂立的目標是在創業第一個月進帳十萬英鎊，我也會想不出實現目標的策略規劃，我們總得跟宇宙妥協。那不會讓我成功，實際上，我會失敗。當時，我根本沒有事業可言。當我們設定感覺上不可企及的目標，結果沒達成目標，我們會喪失信心，沒了信心便會懷疑自己的本事。我知道月入六位數是辦得到的，因為我見過那種人，但那時候的我覺得自己不可能辦到……那時還不行。

所以，我一開始是設定可以令我興奮又覺得辦得到的目標，之後才逐步加碼。接著，我擬訂計畫，設定第十個月就是我賺到十萬英鎊的第一個月。我擬妥了計畫，宇宙便花招百出，協助我令自己刮目相看。我好愛宇宙使出的渾身解數，而現在我要你知道，宇宙會給你同等的待遇。

但是要記住：**你得擬訂計畫，目標才會實現**。只有用能量與專注力灌溉你的願望，然後讓宇宙效勞，為你牽線，願望才會開花結果。可惜，一屁股坐在那兒大嗑奧利奧餅乾，一邊看《冰與火之歌：權力遊戲》影集，不會讓你達成目標，只有當你為擴張公司、減肥或邂逅真命天子或天女的願望訂立明確的行動計畫，才能推動目標的實現。

要明確，把目標說得像是當下的狀態

宇宙喜歡活靈活現的細節。明確的目標會讓你的注意力超集中。如果你要一輛車——你要哪一個款車？哪一家車廠？如果你要男女朋友，這位男女朋友是怎樣的人？成功被擋在千山萬水之外最普遍的原因之一，便是不肯提出一清二楚的願望，同時指定一個確切的期限。因為那太恐怖了。萬一失敗，我們依然可以做夢，或者可以告訴自己：「反正還有明年嘛！」

因此，回頭確認一下，**每個目標都要寫下完成的期限**。給自己一個期限，但假如你超過期限，也不要懊惱。這些期限又不是紋在你身上的刺青，要是錯過期限，你也不會自燃——期限只是聚焦的標的。我曾經訂立目標，預定在二〇一七年十二月之前敲定寫書的合約。結果沒有成功。我有放棄嗎？有咒罵自己嗎？才沒有。我信任宇宙有更重要的計畫，再接再厲設定另一個日期，給自己的能量另一個聚焦的焦點，全然相信有朝一日，你會捧讀這本書。猜猜結果如何？目標真的實現了。

使用未來式的措辭設定目標，對大腦來說便出現了心智上的斷層，稱為結構性壓力（Structural Tension）。**當你把未來的目標寫成當下的狀態，便能夠填平斷層，讓你相信目**

標有可能辦到。而相信目標或許會成真，正是顯化的必要能量。

所以，你寫下的目標必須活像已經是事實了：

- 「我的年收入是二十五萬英鎊。」
- 「我的男女朋友最棒了，每個週末都送我玫瑰花。」
- 「我的體重是五十七公斤。」
- 「我登上《金氏世界紀錄》，是在一分鐘內吃下最多甜甜圈的人。」

我不在乎你的目標是什麼，反正措辭要活像已經是事實了。

拆解目標，不要超過五步驟

在這個步驟，你要開始規劃如何達成目標。好，心理學與靈性在這個步驟上有一點格格不入，所以我要協助你整合這兩者。

純正的心理學觀點是你訂立的目標要明確，可測量，還要有周全的規劃。一步接一步。靈性大師會叫你放輕鬆，信任宇宙，臣服。我兩個陣營都認同，這便是我從一開始便告訴你的事：在靈性圈有運籌帷幄的空間，在心理圈有裝神弄鬼的餘地，而這便是成功人生的祕密醬料。

所以，我要你做規劃，我要你把注意力聚焦在每一步，我要你把整體的結果放在心上。**上上之策是從你的目標反推，推導出五個實現目標的關鍵步驟。步驟不要超過五個。**

接著，我要你專心投入一步步走向目標的過程，如此你便不會心心念念，只想著生活裡還缺少你夢想中的事物。但我心裡的那個靈性狠角色在這裡蹦出來說：「按照計畫行事，但要知道宇宙可能會隨時插手，微調你的方向，或在比你預料中更早的時間，實現目標。」

我有一位想在生意上顯化三十萬英鎊的客戶。她規劃再規劃，執行再執行，怎樣都做不到三十萬英鎊的生意，錢卻從天上掉下來，她繼承了三十萬英鎊。她得到相同的結果，只是得到的方式與原本想的不一樣。由於她的能量聚焦在自己的計畫之上，順其自然，自得其樂，沒空去煩惱那三十萬英鎊要從哪裡來。她只是很篤定錢已經在路上了。

一定要有信心、信心、信心

當你對目標一清二楚，便要加進一項與你的成功密不可分的特別要素。我得把話說清楚：如果你看著自己寫好的目標清單，不相信那是有可能辦到的事，你便缺少一項不可或缺的原料，無法一一達成清單上的目標。借用了不起的已故歌手喬治・邁可（George Michael）的一句歌詞，他是這麼唱的：「一定要有信心（faith）、信心、信心。」

在「做就對了！」練習中，我會請你將每個目標拆解出幾個步驟，讓你一一完成。目標看起來很巨大、很可怕，是因為你不是看著下一步驟，反而聚焦在龐大無比的大局，大腦就消化不良了。當你一一達成每個步驟，你會漸漸長出信心肌肉，萌發進入下一階段的自信。有時候，**信心就是讓你邁向未來的訂金**。

當你相信自己具備顯化任何事物的力量，一切便會朝著你過來。務必相信自己和宇宙。你必須覺得你要的未來是屬於你的，而且當之無愧。否則，你不會成功。你唯一要做的是做出決定，設定意圖，擬妥計畫，同時保持信心與信念。你得負責自己這一邊的行動，但允許宇宙照顧其餘的細節。

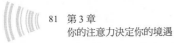

檢查你的目標是否統統符合你對生活的個人願景，讓你全面得到你渴望的人生。強化你的信心肌肉非常重要，只要你留心觀察，便會接收到宇宙給你的小小訊號，讓你知道自己走在正軌上。

如果生活中出現了與你的目標相關的事物，便記錄下來。我把這稱為證據清單，因為它證明了宇宙在替我出面辦事。

把正向情緒注入實現的過程

記住要設定你樂於實現的目標──我們得將正向的情緒注入實現的過程。為什麼？因為這樣才可以確保你接通的是宇宙電台，這會讓目標實現的速度變快。當你樂在其中且關心你的意圖（願望），宇宙便會策劃無限多的事件，讓你的願望化為現實。宇宙永遠挺你；宇宙是你的好哥兒們，記得吧！在你的顯化過程中，意圖與專注力是攜手同心的最佳拍檔。

但是請注意，許多「顯化者」弄錯了一件事。**雖然目標是對未來的規劃，但你的專注力與能量必須留在當下**。要是你一直想著目前的生活裡缺少了你在努力顯化的事物，你的能量便會在當下轉變，事實上，你是在推開自己想要的事物。所以我們必須學會超強的自我觀照能力。

期待意料之外的事情發生

有時，宇宙送來的事物會略有出入，不符合你原本的想望。有時你會納悶為何結果不同，但你得相信如果你遵循本書的步驟，清理你的能量，提升你的振動頻率，宇宙便只會送來美好事物。你得到的結果或許會不盡相同，卻會比你受到制約的心智原本想要的結果更好。

這也表示你得敞開心胸，接受這樣的機會，不斤斤計較結果。你依然維持原本的意圖，朝著特定的方向（你的目標）前進。但是在起點跟終點之間，有無限多的可能。當你將不確定性納入考量，你便接受了現實，了解如果你發現其他更令人興奮的事物，事情的走向可能隨時會變。

因此，**明確的目標讓你可以集中注意力，但也要保留彈性**，宇宙可能會給你驚喜，帶來更加美妙的事物。

真正的成功是均衡，而不是失衡

事業有成，卻不能享受自己的成就

艾瑪的能量都用在開創成功的事業，得到前所未有的高收入。問題是，她不能享受自己的成就，因為先生老是找她吵架，埋怨幾乎都看不到她的人。由於先生一直跟她鬥嘴，艾瑪天天吃巧克力撫慰自己，她的體重往上爬，現在照鏡子時，她會覺得自己面目可憎。每次朋友邀請她出去玩，她都會找藉口推辭，否則不管穿什麼衣服都顯胖。她在家裡坐困愁城，心裡很挫敗，把氣出在孩子身上。

你必須聚焦在八個領域，才能在生活上建立均衡的成功。**許多人傾注全部力量，只提升一個生活領域，忽略其餘部分**。所以，我才會打從心底相信，有太多人覺得人生有缺憾。

當我集中精神，致力於全面改善我的人生，真正的魔法便開始降臨了。我忙到應接不暇，參與開創最佳版本的我，根本沒有剩餘的注意力可以去擔心，或是拿自己與身邊的人做比較。

升職犧牲了飲食習慣、健康和社交

哈利升職了，但升職就得時常出差，他因此犧牲了飲食習慣與健康。他以前會在當地的教堂當志工，這令他覺得生活很充實，但現在他累壞了，週末只想窩在沙發上觀賞 Netflix 的節目。他一直想要邂逅真命天女，可是惡劣的飲食習慣令他的能量低落，也賠上了他的社交生活。

社交生活精采，工作卻迷茫，無存款

克蕾兒完全是社交花蝴蝶。她熱愛派對，朋友滿天下，卻在工作上感到迷惘。她大半時候都在宿醉，以自動駕駛模式去上班，把錢花在購買設計師的精品服飾，以便為下一次的夜間狂歡做好準備。她沒有存款，在內心深處，她想要辭職，自己創業，卻不知道該怎麼做，也擔心如果公司不賺錢，便會毀掉唯一能給她快樂的社交生活（她以為事實如此）。扣除她全部的開銷之後，剩下的錢不夠她上健身房，所以她不太運動。

從這些故事看得出來，我們的各個生活領域都緊密串連在一起，牽一髮而動全身。所以，要在每個領域都由衷快樂，就得在每個生活領域都設定逆天的目標，致力於均衡發展。

釐清目標是行動所需的燃料

一旦釐清了你每一個生活領域的目標，你也會很清楚自己的方向，知道自己要的是什麼，這便是你行動所需的燃料。

- 執行你的計畫。

- 採取行動，信任宇宙會擺平細節。

記住，宇宙會提供你土壤和種子（能量與資訊），但你得自己決定要不要每天到田地耕種（專注力），同時保持信心（意圖），相信有朝一日種子會長成甜美多汁、成熟的紅番茄（願望的顯化）。假如狀況似乎不順利，你要相信必然有一個超出你理解範圍的原因。總會有那麼一個時候，你得連結內心的艾莎，乾脆地「隨他去」*。

拿出彷彿今天就能實現目標的言行舉止，在生活中，要採取反映那股強烈期待與渴望的行動。你得挪出空間，讓你的願望可以走進來，要知道期待是一股非常強大的力量。我們會在後文，繼續深入探討這一點。

* Let It Go：在動畫《冰雪奇緣》中，艾莎無法控制自己的魔力而壓抑自己，後來才高歌著Let It Go，決定發揮自己的力量。

與成功對頻

- 要活出成功的人生，就得知道自己在朝什麼目標前進。
- 即使你看不出**明確**的路徑，只要知道你想要什麼樣的感覺就好。釐清你覺得什麼才是理想的生活，以及理想的生活是什麼樣貌。
- 寫下目標，人生的八個領域都要寫。當你聚焦在成為最佳版本的自己，實現願望會簡單一百萬倍。記住，沒有寫下來的一切，就是空想。
- 計畫、計畫、計畫。但仍然要接受，計畫可能會生變。
- 執行設定目標的例行作業。這是魔法發生的舞台。

「做就對了！」練習

人生八大領域，都要均衡設定目標

你應該設定目標的生活領域有八個。當你專注在全部八個領域，在一年裡灌溉目標，這對你的整個人生會帶來加成的效果。如果可以改善全部的生活領域，即使只是一點一滴地改善，一個月又一個月地累積，到了一年終了，你的生活便會大為改觀。

這些領域是：

- 靈性（你與宇宙或神等等的連結）
- 情感（你與最親密的家人、伴侶、孩子的關係）
- 身體（你的身體健康）
- 心智（你的學習與心智的成長）
- 社交（你的朋友與街坊鄰居）
- 慈善（你如何為自己以外的人付出）
- 職業（你如何維持生計）

- 財務（你與金錢的關係，以及你如何建立財富）

對於這些領域，每一個都要設定你打算在十二個月內達成的目標。然後從目標反向推演，拆解成幾個重點步驟，步驟**不要超過五個**。你的目標可能不只一個，但每一個領域盡量不要設定超過三個目標，否則你會吃不消。我們聚焦在生活的全部領域，是為了保持平衡。

雖說即使你只在一、兩個生活領域成功，也會覺得人生很美滿，但是想一想要是改善了前述的全部領域，你會覺得多麼的快樂無法擋。想一想一年後，當你回顧這些目標，發現你的健康、財富、感情關係、職業統統升級了，你會有什麼感覺：一定爽**翻天**，對吧！

你可以在附錄運用這個目標設定練習的擴充版。

第 4 章

斤斤計較，不會得到你想要的

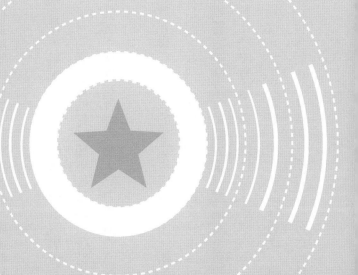

變成全神貫注在開創成功的人，根本懶得管別人在做啥。

真高與你挪出時間，開始認真檢視你的遠大目標，思索人生的願景。現在你得讓這一切成真。要追求令人頭皮發麻的巨大目標，你得認清自己的立足點，了解驅策你的動力是什麼，以及什麼幫不上你的忙。積極進取的時候到了，在身、心、靈上都開創最佳版本的你，讓你可以奮起去實現你的目標。

曾經有一位好女士登門與我合作，她說我代表一切她不相信的事物，但她也意識到，她「自己那一套」都實踐四十三年了，心滿意足的程度卻不如預期，該是改弦易轍的時候了。要有勇氣，才能承認你的生活，其實不像你在社群媒體上努力營造的亮麗完美，而要做出改變的決定，更是需要勇氣。

我了解她先前的立場，其實就在幾年前，我的想法也與她如出一轍，是覺知的旅程一層層剝我的皮，又協助我再次重建自己。我只是在推測你沒有感受到生命可以給你的一切，而你持續關注別人精心篩選的社群媒體完美貼文，納悶大家怎麼搞定一切的。你或許會花上許多個鐘頭，思索你這輩子賺的錢為什麼沒有別人多，或是為什麼你的每一段感情都不愉快，或是你耗費太多時間與身體打一場沒完沒了的戰爭，而在社群媒體上，每個人似乎都在忙著過與你恰恰相反的生活，還秀給全世界看——#自拍。不管你只符合一項或全部，我都聽見你的心聲、看見你了，我會罩你的。

跟別人比較，讓人陷入受害者心態

我要你知道我的一個領悟：我認為貓不是被好奇心害死的。且聽我說出我心目中的真相。一天，一隻美麗絕倫的貓誕生在這個世界上。牠很快樂，無憂無慮，充滿歡喜，注定成為一隻走路有風的貓。一天，牠開始看到其他的貓咪，牠們有不同顏色的毛皮，有的特別擅長抓老鼠，有的得到貓奴更多的寵愛。然後，讓這隻貓咪的貓生從此風雲變色的那一刻降臨了，牠第一次問自己：「我有什麼毛病？」牠扛著自己比不上其他貓咪的重擔，引發了貓科憂鬱症，牠厭倦了不斷努力追求其他貓咪的完美貓生，自暴自棄起來。寶貝，你瞧，殺死貓咪的不是好奇心，而是跟別的貓咪一別苗頭。

請你想一想自己拚命迎頭趕上別人的時候，你想要比別人強，想當第一名，想拿最高分，進最頂尖的大學，為規模最大的公司效勞，駕駛最炫的車，買最大的房子，或是得到最多的愛。

你在跟誰競爭？是誰給你設定這些期許的？在生活中，你什麼時候會說：「她比我好」或「他怎麼那麼快就遙遙領先？」或「為什麼她那麼美、那麼苗條？」或許你會逮到自己拿別人的婚姻、別人的孩子、別人的公司、別人的身體，來跟自己比較。在生活的哪一方面，你滿腦子都想著別人的成功，以致看不到自我成長的機會？

我們依據別人的預設立場而歡喜或悲苦，這似乎很瘋狂，但在我們從產道呱呱墜地、發出輕柔的呼吸聲那一刻起，或者以我的頭兩胎來說，是從發出槍林彈雨一般的哭號聲那一刻起，我們便是被調教成那個樣子。（當我的老三來報到，我在沙發上生下她，我已經冷靜得跟什麼一樣啦，不過那是另一個故事了。）

我們在嬰兒階段，不會忙著看其他的寶寶，想著：「可惡，那傢伙會走路了——我真是沒用的廢物。」我們下意識地拿這些想像中的標準來檢討自己，這些標準其實是父母、教師、社會在我們成長過程中，施加在我們身上的。在學校，我們較量誰最聰明，誰是運動健將，誰會在期末話劇演主角。隨著年齡增長，進入職場以後，我們便較量誰是老闆眼前的紅人，誰可以升職，誰可以在聖誕派對的時候，放縱地跟辦公室裡新來的漂亮美眉親嘴。

我們不知不覺地走上互相較勁的人生輸送帶，輸送帶讓我們不斷轉圈圈，轉得我們暈頭轉向，始終覺得自己不夠好，或是覺得目前的人生不是自己該過的日子。我們覺得自己在向下沉，永遠到不了那個在虛無縹緲間的目的地，據說只要到了那裡，凡事都會「完美無缺」。這種滋味令你精神萎靡，與成功或顯化完全絕緣。其實，在每一個生活領域上，我們都可能會覺得自己失敗。要是這種挫敗感長期累積，我們對自己的核心本質便會形成大錯特錯的深層信念系統，而這個信念系統又決定了我們日後會如何生活。所以，我才會在前一章請你集中精神，專注在自己真心想要開創的生活上，而不是因為別人都有，你便以為自己也想要的事物。

在二〇〇五年冬天，我跟最要好的姊妹淘，又一次準備去學生活動中心度過用酒精澆灌的放蕩夜晚，可是當我看著她們在二十四腰的曼妙體格上，套上美麗的緊身洋裝，將彩妝塗抹到她們晶瑩剔透的完美肌膚上，一陣熟悉的感覺席捲而來。我掃視自己豐腴的體態，機警地在臉上刷了三吋厚的粉底，掩蓋新冒出來的那一堆粉刺，我覺得生氣、羨慕、悲傷。我覺得自己又肥又醜，天理何在嘛！我清楚地記得自己淚眼汪汪地哭倒在地，感到反胃，即便如此，我都還要鄙夷自己真是亂七八糟。重點是我沒有過胖，只是跟朋友們相比之下，我覺得自己很大隻。

當你這樣子生活，你是讓自己邁向失敗，無法成功，因為如果你老是在關注外界，看看別人有哪裡比你厲害、比你好看、比你強，你永遠都會找到支持那種想法的證據。心理學把這稱為確認偏誤（Confirmation Bias）。至於自尊低下的人，每次我們跟別人做比較，都會給惱人的小我更多彈藥，小我會吱吱喳喳，直到那一堆負面的自我對話帶著我們盤旋向下，墜入抑鬱之中。我在二十出頭時並不明白我可以做出選擇，改變一切我討厭自己的地方。我反而沉溺在受害者的心態中，看不出自我成長的可能或機會。我會乾脆用一杯又一杯的廉價龍舌蘭淹沒我的哀愁，隔天早上再嘔吐出來。噁！

從心理學的觀點，據說我們跟人做比較是為了評估自己，大腦才能逐漸認識我們是誰、我們什麼強、什麼弱。這是我們有意無意之間都會做的事。還有，社群媒體的世界不斷壯大，就像在四處跟人較勁的野火上又淋上煤油。有了社群媒體，我們可以接觸到的別人的訊息量更是爆增，我們連在通勤上班的列車上、在去尿尿的途中、在半夜兩點窩在床上的時候，我們的心智都不得不去評估這些訊息。我們不是只跟好朋友互別苗頭，現在還可以跟全世界較勁，要拿我們日常生活的實際情況，與別人經過潤飾與修圖、加了褐色濾光鏡的生活片段做比較，實在太容易了。

問題是人類會先觀察外界的情況，再決定內心的感受，這便是我要你知道的事，而我要你開始革除這個習慣，不再受到跟人東比西比的箝制，那些比較一直沉甸甸地壓著你，阻礙你活出夢想已久的生活。當你滑過社群媒體推送的貼文，你便承受各種圖像的轟炸，而那些圖像唯一的用途，便是提醒你所沒有的一切，徒然令你的心思更負面。社群媒體給你看別人生活的「精采片段大放送」，這只會放大你的恐懼、壓力與不安全感。

當你隨時隨地都拿別人來跟自己比較，你怎麼可能真的知道自己要些什麼，又怎麼能夠真心滿意自己擁有的一切？如果你永遠都在汲汲營營，想跟張三李四、社會名流過相同的生活，便是在拒絕上天的禮物，這個禮物就是發現自己的目標，從中得到力量，活出令你快樂的一生。不僅如此，如果你念茲在茲的都是別人擁有的事物，你可能會被迷惑，以為那就是你要的。

把自己的目光從外轉內

何不把你的視線從外在世界移開，開始轉向內在，凝視靈魂？靈魂就在那裡全程引導你的每一步路，朝著你已經設定要去的那個目的地前進。但是，要聽到靈魂的聲音，你得平息雜訊。要是能夠忽略別人的成功與失敗，全神貫注在自己身上，多學一點，多愛一點，多成長一點，直到活出最壯闊的你，豈不快哉？

如果你可以全然認清自己人生裡的所有榮光，專心活出最佳版本的自己，而不是去追求比周遭每個人都更好的日子，你會過著怎樣的人生？當你這麼做，便可以發揮純粹的潛能，那股力量就潛伏在你的核心，卻未曾使用。聚焦在別人身上會耗盡你的能量，讓你陷入無力顯化的鬱悶中。當你不可自拔地致力於自己的個人成長，不再關注自己跟別人比起來成長了多少，便可以在生活中解放魔法，你顯化的力量便會發動。你會全然沉浸在開創自己的成功上，甚至不會在乎別人在做什麼。

當然，將別人當作評量自己的基準，是人心的運作方式，有時這一套真的對我們有益，但前提是我們能控制自己的思緒。別人的成就可以激勵你，推動你改善自己的生命。我能夠了解這一點，是因為當我在健身房看見別人炫耀蜜桃臀，我便有更強烈的動力，想練出一樣漂亮的屁屁。如果你允許別人的成功激勵自己，心知肚明既然別人辦得到，自己便也可能辦到，那你會有什麼感覺？

我意識清明地做出選擇，當我拿自己跟別人做比較，我要全然覺察自己的感受。當我感覺到那隻綠色眼睛的小怪物帶著邪念，從我的肩膀上蹦出來，我用那種感覺來刺激自己做到更好。後來，我意識到如果我在關注別人時浮出羨慕或嫉妒之情，就表示我看到了自己憧憬的事物。不論照片中的景物是緊實的小腹、鳳梨可樂達海濱雞尾酒或一對幸福的男女，我都認同那是我嚮往的事物，我接受事實如此，然後實現自己的願望。我真心相信如果我們心裡浮現了願望，那便是我們注定應得的事物。**把你的羨慕之情，變成推動個人成長的催化劑**。

該是毀掉計分板的時候了。

當社群媒體令你覺得自己不如別人，有一些相當顯而易見的方法可以排除你的抑鬱。你可以全面戒斷社群媒體（對，就是戒斷），卸除應用軟體，甚至取消帳號，踏上自我發掘的旅程，認識自己的美好。**你可以毫不手軟地精簡你的好友名單，刪除那些會挑起你負面感受的人，一邊下功夫精進自己的內在修為**，直到你壓根兒不會再計較那些有的沒的。

說到底，要抵擋與人一較長短的可怕痛苦，最佳的防範措施兼脫身之道，便是建立並維持穩固的個體感。這表示專心培養自己的身分認同與自尊，把力氣留給真正懂你的同儕夥伴，只做符合自己信念與價值觀的事。基本上便是為自己負責，對自己生活中的真實樣貌引以為榮，而不是你在社群媒體上細心塑造的形象。

與其跟別人較勁，不如跟過去的自己比

澳洲人真的很天才。最近我去了一趟雪梨，發現他們有宿醉門診。你灌了雜七雜八的各種酒類，把大腦變成一灘馬鈴薯泥，起床後只覺得想死。然後，宿醉門診為你架設好點滴，三十分鐘後，嘩，你便重獲新生。好，我要你想像現在時候到了，你需要去打排除斤斤計較之毒的點滴。

要在人生裡顯化你的全部願望，第一步便是擺脫一定要跟外界競爭的信念。你要開始向內看，關注靈魂，聆聽靈魂的諄諄指引。當你尋求外在的肯定、接納或報償，便是交出自己

的力量。要保留自己的力量，就要決定從今以後，你要為自己的生命旅程與生活負起責任，全心全意地做出選擇，訂立自己的人生期許，不再追求目前為止別人硬是套在你頭上的各種標準。勇敢地做出抉擇，不再放任自己拿別人的進展來做比較，搞到自己痛苦不堪。

一旦做到這點，所有羨慕、恐懼、焦慮、憤怒的感覺都會退散。於是，一切便只關乎你與你的內在旅程。你會與宇宙對頻，吸引與你踏上同一個旅程的人，也因為這樣，你會開始歡慶別人的成功，興起有為者亦若是的壯志。當你翻轉內在世界，周遭的外部世界也會翻轉。當你一點一滴地成長，活出較佳版本的自己，便會在這個世界顯化出最不可思議的事物。

我要你做出決斷，明白**一己的成敗只是供自己學習的素材，不代表你這個人的價值。做出決斷吧，你的身分不是取決於你擁有的事物與成就，而是你的核心本質**——你是了不起的人類，你的潛能足以創造出一切你渴望的事物。要知道只要你天天持續改善每一個生活領域，你便是待在精準無誤的正確位置上。如果你還沒做第三章的「做就對了！」練習，現在就回頭搞定。這會為你奠定基礎，讓你超級聚焦在自己身上。

要讓消弭斤斤計較之苦的點滴逐漸發揮魔力，一個好方法是每天數算自己的福氣，深深感恩自己的現階段人生與生活中的美好。快樂的人在心裡評估自己的時候，是跟自己做比較，我要你也開始這麼做。**與其跟別人一較長短，只要拿以前的自己來跟現在做比較就好。**

檢視自己以前的狀態與現狀的差異，只跟自己比較，你的力量會大上許多。

與成功對頻

- 害死貓咪的不是好奇心，而是跟別人比較。
- 當你滿腦子都是別人的成功，你不會看到個人成長的機會。
- 與其尋求外在的肯定，向內看。
- 如果流覽社群媒體會讓你墜入跟別人比較的無底洞，就別看了。
- 你的旅程是你自己的旅程——只求比昨天的自己進步。

「做就對了！」練習

寫下自己最失敗的三件事

這項練習是釐清你的標竿是誰訂立的，以及你在哪些方面因為跟別人比較而受苦。花一點時間想一想所有的生活領域，就在這一刻，你在哪些方面覺得自己「失敗了」或是可以做得更好。

- 你的現狀可以更好嗎？應該更好嗎？
- 你的生活可以更有愛嗎？應該更有愛嗎？
- 你的財務狀況可以更好嗎？應該更好嗎？
- 你生活中可以有更美好的友誼嗎？應該要有嗎？
- 你的公司可以比現狀更好嗎？應該要更好嗎？
- 你為世界盡一份心的方式可以更好嗎？應該要更好嗎？

對於這些問題，在紙上或書末附錄寫下你認為自己最失敗的三項。

現在你的清單上，有三件你認為自己搞砸的事。

接下來，我要你停下來，想一想你是依據誰設定的標準，認為自己失敗了。請你深度開挖，徹底認清直到這一刻為止，你都是誰或是什麼東西的傀儡。

- 是雜誌跟電視節目嗎？
- 是你的父母或兄弟姊妹嗎？
- 是你的朋友嗎？

你實際上是如何做出結論，覺得自己的現狀代表你的失敗，不認為目前的人生只不過是你此時需要經歷的階段，而你可以繼續前進，進入下一個階段？

是誰判定你目前的進展是失敗的？

現在回首你的來時路：

- 你是從什麼樣的狀態起步的？
- 你走過什麼樣的成長歷程，才成為如今這樣一位美好的人？

想一想此刻失敗帶來的成長機會，而這樣的成長又會如何造福你的未來。

把你的真言更新為：

我正在自己該在的地方，我對自己何去何從一清二楚。

這是我的旅程，我全然喜愛自己的旅程。

第 5 章

拔除惡搞你的有毒信念雜草

想要在人生裡勇往直前，你得摸清楚是什麼想法拖住你的腳步。

我們來玩捉迷藏。但這個版本的捉迷藏，是要揪出你在有意無意之間，反覆說給自己聽、阻撓自己全力實現目標的說法。如果你一直有心改變人生中的某些情況，卻不知何故很難做出實際的改變，那就是有內在的敘事在從中作梗。

限制性的信念就像霸占花園的惱人雜草，壓制了你的潛力，令你不能綻放異彩，你得挖出限制性的信念，專心找出可能在攔阻你實現願望的無用想法。然後，就像我最愛的撲克牌遊戲，我們要對那些想法大叫「狗屁！」我們不是要衝著你懷抱那些信念的事實大叫狗屁，而是衝著那些信念依然絆住你、令你不能大鳴大放而大叫狗屁。可以給我來一聲萬歲嗎？

當你找到在表意識想法之下潛伏的想法，也擁抱了不曾消化的羞愧、內疚、怨憎等，你便敞開了自己，迎向振奮人心的未來。我們從童年便開始形成會害我們不能成功的老舊想法，這些想法形成了阻力，妨礙你實現願望。

即使你的表意識可能由衷渴望某件事物，但在這個願望的表象之下，大概便是與夢想南轅北轍的信念與情緒。想要在人生裡勇往直前，你得摸清楚是什麼信念拖住你的腳步。你得抄起一根堅固的大鏟子，開始挖掘。深呼吸：我們要深度開挖了。

真相是，在你與你嚮往的生活之間，唯一的障礙是你的思緒。截至你目前為止的人生，你都在「自動創造」，你是由自動化的程式設定塑造而成的，而這個程式的組態，十之八九不是設定來創造最佳版本的你。你經由耳濡目染、模仿，以及你附加在個人經歷上的感受，在渾然不覺中，自動化地創造了自己。你的想法不屬於你。你或許會抱持那些念頭，但那是因為你的大腦只是在處理所有的資料，調出它認為相關的資料給你。你只是懷抱那些念頭的人，那些念頭不是你。但**你的想法決定了你的感受，而感受推動了你的行動**。

感受凌駕邏輯。你對特定情境的回憶與信念會引發強烈的感受，驅動了你的每一個行動。你必須改成手動駕駛，主掌大局。認清你編造了什麼關於自己的負面想法，認清這些負面想法如何牽制你，你可以重拾自由，在自己的人生裡，重新坐上駕駛座。

為什麼光是正向思考還不夠？

或許你會質疑，假如宇宙跟我說的一樣強大，那麼來一點正向思考、做一個願景板一定就夠了吧。答案是不夠。假如夠的話，這本書就不會把心理學也牽扯進來。如果你跟自己說的想法，與你的願望互相牴觸，就算你整天坐在那裡誦念肯定語、訂立目標、耗上幾個鐘頭，細心地剪下天然海灘與跑車的照片，黏貼到你的願景板上，也只是一場空。保證你會墜入什麼都顯化不了的混沌狀態裡。

如果你想要顯化理想的感情關係，但在你的內心深處（在個人身分認同的層次），你編造了自己不配得到愛（比方說，因為你童年時不曾得到父愛）的強大故事，那你再怎麼努力地對著你的願景板冥想，照樣很難找到真命天子或天女。這是因為在你的心靈深處，你不是由衷相信自己值得被愛，因此你會在無意識間，將這股能量洩露給宇宙。各位，真的有戀父情結！

如果你要建立營收百萬元的公司，也做了貼滿鈔票的願景板，然而你心坎底的想法卻是有錢就會變成討厭鬼，你便會在潛意識的層次破壞自己的事業目標。我們大腦的功能是維護我們的安全，既然愛與安全保障是我們人類最大的動力來源之一，凡是會危及愛與安全保障的事，都會導致我們惡搞自己。

因此，務必了解吸引力法則會接收那些想法的負面振動，阻礙你努力追求的目標化為現實。所以，要讓成功的結果可以到來，就要發掘你的狗屁想法，改變能量，由衷相信自己可以實現目標。你的想法與目標必須協調一致。懂嗎？

那麼，為了確保自己的能量統統協調一致，可以與宇宙共同創造，我們得找出自己有哪些信念。一旦宣告那些信念是「狗屁」，便可以減輕那些信念對潛意識的影響。這樣的覺知會削弱那些想法的根基，你才可以與目標完全能量共振，沒有潛伏在檯面下的隱藏信念。

重設信念，發掘最強大的自己

你得透過幾個步驟，來拔除那些雜草。我喜歡把這稱為挖掘靈魂，如果要發掘你最強大版本的自我，這是必要的程序。這些步驟是：

1. 了解你有哪些信念。
2. 正視那些信念的來源。
3. 宣告那些信念是狗屁。

4. 改變你的狗屁信念。
5. 打造新的自我身分認同，這個身分認同必須吻合你打算創造的新信念。

為了方便解釋這些觀念，我要從金錢切入，檢視我們對金錢的信念，也就是把「金錢觀」當做主要的範例。我們也有關於身體、感情、家庭的價值觀，但今天我們聚焦在金錢之上。儘管有的人說金錢買不到幸福，但金錢確實可以買到自由，如果運用得宜，金錢可以成為帶來幸福的工具。當你檢視自己的目標清單，我敢打賭，絕大部分的目標都必須有金錢作後盾。

我的父親來自信仰虔誠的家庭，對金錢的信念很死硬。他總是灌輸我們把錢捐給慈善機構的觀念，而他對「腐敗的有錢人」的看法更是牢不可破。即便到了現在，他還是會批評有錢人很貪婪。我以前沒有意識到，自己聽信了他那一套。

我的腦袋在邏輯推演一番後，編出來的說法是財富會讓我貪婪。既然我（深愛的）老爸討厭有錢的貪心鬼，我心裡的說法便告訴我，若是我創造了財富，爸爸就會討厭我。所以，不富裕其實才是保險的選項，可以讓我繼續被愛。前文解釋過，身為人類，我們最大的動力來源是愛。我們都只想要被愛，想要安全。任何會令我們不被愛、不安全的事，我們都會敬謝不敏。對我來說，發財會破壞我的幸福與安危。各位看得出來，在此的合理結論，其實是我只能做一個窮鬼。

當財富變成壓力，就只能當窮光蛋

潔西卡看到爸爸永遠都在工作，儘管他很成功、很富裕，卻活得慘兮兮。她的想法是財富等於壓力，就一直當窮光蛋，因為財富顯然不等於快樂。

為了不冷落小孩，讓財務吃緊

艾瑪看到母親辛勤地經營公司，艾瑪和兄弟姊妹都是由保母照顧。艾瑪想要生兒育女，在她當上媽媽以後，財務很吃緊。我們發現她有一個深層的信念，認為事業成功的話，便會冷落小孩。因此她讓自己捉襟見肘，以便成為一個好媽媽。

收入無法突破，主因是有錢會有罪惡感

亞隆做生意的收入老是無法突破上限，只要生意興旺一點，便會忍不住一直將錢送給朋友與家人，否則有錢會令他愧疚。我們挖掘他的金錢觀，他這才意識到那正是他父親一貫的行徑，他父親家境貧窮，非常重視家庭價值，會資助家人。亞隆接收這些信念，行為也毫無二致，即使他沒有刻意決定這麼做。

從這些實例可以看出金錢觀的威力強大，也不理性。同時，可以看出我們學到的金錢觀，主要來自我們親愛的父母，以及在我們成長過程中與我們關係密切的人。大致上，金錢觀是在童年建立的，烙印在我們心裡。我們每個人的內在，都有一些阻撓我們發財的扭曲觀念。有時，跟自己說「有錢」會害我們變邪惡反而落得輕鬆，不會去費事地創立新事業，從中得到更深刻的滿足。因此，我們抱持負面想法的目的是維護我們的「安全」，即使那些想法令我們窒息，還讓我們不能發揮真正的潛能。

其實金錢是中性的。金錢只是一種能量，所以稱為金流（currency）。就某個意義而

言，**金錢其實不存在**。你把代表五英鎊、十英鎊、五十英鎊鈔票的紙拿在手上，那都只是那張紙象徵的價值。紙的本身不值一文。那些紙之所以重要，是因為我們在那張紙上附加了價值。當你登入網路銀行，只是看到螢幕上的數字，但這些數字卻有本事引發你的恐懼與焦慮，或是相反的情況，是令你快樂。這些反應都來自你對金錢的想法與信念，所以深入探究你自己的金錢觀很重要。

把感受和想法一律寫下來

現在要請你做一件事。去拿一枝筆和筆記本。我要你寫下你理想的年收入數字。寫好後，我要你看著紙頁，拿著筆，在數字後面加一個零。

好了嗎？

現在，看著新的數字。假如我現在叫你今年一定要賺到這個金額，你作何感想？當你注視這個數字，你有什麼感受和想法？

全部寫在同一頁。不管再怎麼愚蠢或瑣碎，一律寫下來。

現在，你建立的全套信念已經擺在你眼前，這是挖出你金錢觀的絕佳起點。這些信念一直造成虛妄不實的限制，壓抑你賺錢的潛力，現在時候已到，該找出這些可惡的信念是哪來的了。

斬斷負面信念的源頭

我懶得管「不斬來使」的俗話是誰掰的，我現在要告訴你：斬殺來使的時候到了。你得找出你的信念從何而來，然後把灌輸那些信念給你的人給斬了，當然，是象徵意義上的斬殺。原因在於那不是屬於你的信念。那是別人的信念，而他們一片好心，將那些信念移植給你，現在那些信念搞砸了你的顯化魔力。一旦你認清了自己投胎的時候並沒有那些信念，便可以展開放下那些信念的程序。

你在前一項練習，可能寫了類似以下的想法：

- 「我不夠聰明，賺不了那個錢。」
- 「打死我都不知道要怎麼賺到那個錢。」
- 「我不要（或不需要）那些錢。」

再挖深一點：質疑你的收入無法多一個零的所有原因。或許，你覺得家人會批判你，或朋友會跟你要錢，或是多出來的稅金會嚇死你。找出這些理由非常重要，畢竟目前你就是依據這些理由，在擬訂你賺錢的行動。許多人其實具備坐擁金山銀山的潛力，卻因為相信了那些信念而一直苦哈哈的。

不論是金錢、感情或飲食習慣，總是可以從最早的記憶找到一些線索，讓你知道自己的負面信念是哪來的。如果我的個案說他們不夠聰明所以賺不到錢，或是不夠漂亮才會沒人愛，我都會請他們回想在十二歲之前，初次浮現那種感覺的情況。這通常可以清楚指出這些不理性信念的源頭。

我要你回顧你的童年。你聽說過什麼關於錢的說法？你的父母跟你說，錢不是長在樹上嗎？還是你一向都聽到「我們日子很寬裕。」這句話？辨識自己最常聽到什麼樣的金錢觀，便可以察覺自己為何相信某些想法。或許你跟我以前一樣，聽信了「有錢人都很壞」的說法。（到第八章再詳談言語的力量。）

在此列出你對財富可能抱持的負面信念：

- 有錢很邪惡。
- 有了錢，就沒朋友。
- 有錢的壓力很沉重。
- 想要有錢，就得犧牲與家人共處的時間。
- 有錢的話，稅金就重。

你懂我的意思。

辨識你犯過的錯誤

下一個強效作法，是辨識你在金錢方面犯過的錯誤。或許你曾經揹負巨額債務，或許你曾經宣告破產。或許你與伴侶為了財務齟齬不斷，或許你曾經投資失利而賠錢。也許你非常不會儲蓄，也許你會不負責任地把錢花光光。

這些經驗都連結著負能量，也阻礙你找到應得的財運。只要你把缺錢當作衝著你來的刁難，就賺不到錢。當你辨識出自己在金錢方面的錯誤，正視你對這些經歷冷酷無情、毫不寬容的自我對話，你才能真的開始向前進。

寫下你在金錢方面不擅長的事。**浮現在腦海的不愉快經驗都要寫，大事小事統統寫**。

我知道我們這一章都圍著金錢打轉，但你可以用相同的流程挖掘感情觀。在這方面，檢視父母感情關係的特質是相當不錯的起點。也要回顧你最早期的感情關係。

改寫信念的方法

清除對金錢等方面的障礙及信念，過程可能很痛苦，而且講一句大實話，很多人會寧願過一天過一天，付帳單，生活單調呆板，不曾真的發揮全部的潛力。財富只是能量，會流向任何想要錢的人。但你想要錢，就要展開挖掘行動，找出前文提過的限制性信念。

我希望到了現在，你應該已經發現了一些對於金錢的限制性信念，挖出那些信念的源頭，準備好改寫信念啦！**一個簡單卻有效的辦法是把這些信念，全部寫在紙上。一條一條地檢視，在每一條信念旁邊寫下對你來說，完全相反的觀念。**

比方說，假如你覺得有錢人都很壞，寫下：「我很有錢，我對每個人都很慷慨。」如果你相信創立一間公司的壓力會很大，寫下相反的話：「我輕鬆自在地開創了成功的事業。」

與成功對頻

- 在每一個願望的表象之下，大概都有一個互相牴觸的狗屁信念，從下意識的層面打斷你的行動。
- 雖然你懷抱那些信念，但那些信念不屬於你。那只是大腦吐出來的資料。
- 我們建立了關於金錢、感情、身體的內在信念，這些信念絕大部分來自童年。
- 你得挖掘靈魂，認清自己的限制性信念。這會削弱那些信念對你的影響力。
- 斬了來使，跟那些信念一刀兩斷，你才能充滿幹勁地去實現夢想。

「做就對了！」練習

敲掉負能量的情緒釋放技巧

有個非常厲害的方法，可以從能量的層次改變你對金錢的感受與信念，稱為敲打法（tapping），也稱為情緒釋放技巧（Emotional Freedom Technique, EFT）。情緒釋放技巧的定義是一種緩解身心不適的臨床手法，而這也說明了這種技巧的用途。在施作的過程中，你會移除負面想法造成的負面情緒，從此不再受影響。敲打法兼容並蓄，具備了暴露與接受療法（Exposure and Acceptance Therapy）重建認知的效益，同時擁有針灸及其他能量療法釋放混亂能量的效果。

所有負面情緒與信念的起因，都是人體能量系統亂了套。針灸也是依據相同的能量系統來施作。依據針灸的論述，人體有稱為能量經絡（Energy Meridians）的路徑。我們所有的負面情緒，諸如焦慮、憤怒、羞愧、罪惡感、傷心等，都是因為有一條或多條的能量經絡混亂所致。這些能量混亂與煎熬的事件回憶有關。當我們憶起往事，便會啟動相應的能量混亂，引發負面情緒，有時甚至令你的情緒痛苦萬分。

敲打法的作法是主動回想負面的回憶或是單純「感受你的感覺」，強力啟動混亂的能量。你一邊活化混亂的能量，一邊用指尖敲打穴點，以釋放能量失序部位的混亂能量。

當混亂的能量隨著敲打排除，你會感覺到負面的情緒真的開始消散。一旦根除了混亂的能量，負面情緒也會一掃而空。他日再想起往事，便不會有惱人的情緒反應！然後你再敲打輸入新的正向肯定語及情緒。這就像拔除雜草，栽種向日葵。

請到 www.noorhibbert.com/book 參照敲打的教學，用敲打法協助自己重新設定心智，邁向成功。

當我們開始清除陳舊的負面想法及情緒，便可以開始雕塑新的自我身分認同，更堅強、快樂，也更堅定地走出去，在這個世界做大事。我們會在下一章走得更深入，開創新的自我身分認同，讓你在創造最豐盛的生活時如虎添翼。

第 6 章

靈性整容，改造命運

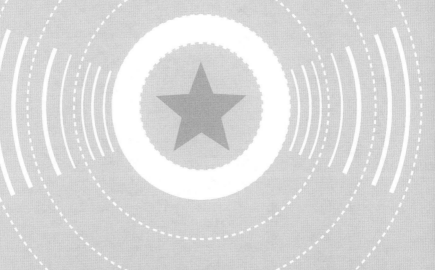

當你可以剝除自己的一層層外殼，你會發現底下的那個人真的光芒萬丈，由衷相信自己 —— 這人獨一無二，擁有才華，在這顆星球上有一個盛大的目標。

孩提時代，我總是夢想在好萊塢電影場景裡漫步遊行，或在百老匯歌舞劇裡跳舞。我演技蹩腳、歌喉也不太好的事實只是細微的技術問題，更令人憂心的是我生活中那些成年人的誇張雜音，他們說這樣的抱負不切實際，永遠都要有備案。我的想像力與做白日夢的本事就此粉碎，我慢慢被揉塑成型，變成認為那種事根本不可能辦到的女孩。

我中規中矩，做該做的事，反而更迷惘，老覺得一切都不對勁。我就像一根被千百萬個四方型孔洞包圍的圓型木釘。各位曉得那是什麼滋味嗎？我以為絕對是自己有毛病，因為當我看看四周，似乎人人都有頭銜響亮的工作，都在追求象徵事業成功的一切事物。

我這一生究竟應該做些什麼？或者，更進一步來說，人生到底有什麼意義？

當我們誕生到這個神奇的地方，來到所謂的世界，成為快樂的小寶寶，我們都充滿潛力，可以站上人生舞台的正中央。我們都有成就一番大事的能力，走在做大事的正軌上……直到……啊，我們開始跟人生過招。

我們跟父母過招，跟學校過招，跟社會過招，前文說過，我們在耳濡目染的無底洞裡迷失方向，我們成為什麼樣的人、做什麼樣的事，都是因為我們覺得自己別無選擇，或是因為那就是我們學到的做法。既然你現在知道拿自己跟別人比較的下場（見第四章），也非常堅定地聚焦在自己身上，你就得釐清自己究竟是誰。我要剝掉你的外皮，揭開你的真實樣貌，所有鬆垮的小肉肉都一覽無遺……

- 你不是你在家裡必須扮演的那個角色。
- 你不是你在職場上必須扮演的那個角色。
- 你不是你為了取悅伴侶而扮演的那個角色。

你最核心的真面目是誰？

我要你找出自己在哪一段人生路上，被塑造成一個你或許不想當的人。因為如果你按照每個人對你的期待，來決定自己的人生路要怎麼走，其實你已經把一己的力量都交託給別人，於是你無力地仰賴自己以外的人來肯定你。

當你可以剝除自己的一層層外殼，你會發現底下的那個人真的光芒萬丈，由衷相信自己——這人獨一無二，擁有才華，在這顆星球上有一個盛大的目標。當你發掘了那個目標，找到什麼會讓你閃閃發亮，那就像吸食獨角獸快克，你會得到幸福的神聖喜悅感。這是最飄飄欲仙又合法的嗨。

但要發掘你的真面目，你得挖掘靈魂，設定你真心想要達成的目標，這是第一步。這是你第一次表明你實際上是怎樣的人與你重視的事物。然後你可以翻轉耳濡目染的薰陶，做出清醒的抉擇，決定自己要做怎樣的人。

在別人告訴我的話裡面，這最有力的話之一——我可以做出選擇，成為自己想做的人；我可以做出選擇，放下自己想要別人肯定的需求，不再聽從父母的期待、學校的要求、社會的強逼。我可以撕下自己貼上的「抑鬱」、「焦慮」、「嫉妒」、「不成功」標籤，選擇可以給我力量的新的身分認同。

因為在這一切表相之下，真正的你非常強大。我要你明白你最核心的真面目，便是最威猛版本的你。**你的核心本質不會費事去跟別人做比較，不擔心失敗，確切知道你可以創造你夢想中的生活**。

暫且抽出一點點時間，想像一下如果人人都樂於做自己，臉不紅氣不喘地愛自己，愛到根本不在乎別人的意見、膚色、受過多少教育，也不在乎自己是否今天還是男人，明天卻變成女人，那我們的世界會是什麼樣子。我們應該容許每個人都盡情去做自己想做的人，而不必覺得抱歉。

我要你選擇去做自己想做的人，像個霸王一樣承認那是你的決定。

思考由負轉正，得從自我形象著手

你目前的自我形象——你對個人能力、外表、個性的想法——建立在你對自己樣貌的想像之上；這些樣貌則來自你對個人經驗的解讀與評估。你可能記得第一章提過，我四歲的時候，有個女孩在遊樂場走過來，問我的眉毛為何如此濃密。呃啊！我們在七歲之前，聽到什麼都會信以為真。我的小腦袋解讀了那件事，得出的結論是我跟別人不一樣，我是醜八怪。我緊緊抱持這樣的自我形象，長達二十年。

此外，你也在一種稱為「模仿」（modelling）的過程中，從身邊最親近的人身上學到要相信些什麼、要如何待人處事。如果你的老媽隨時都在嘮叨你的老爸，而你的父親總是默默忍受，當你與未來的伴侶相處，你很可能便會使用跟你老爸一樣的應對方式。這是潛意識做出的選擇，所以我們跟父親或母親或雙親，會宛如一個模子印出來的。我們經由耳濡目染，學會了特定的行為模式。之所以如此，是因為我們採納了一個完全錯誤的觀念：「我應該跟每一個人一樣。」

你瞧，你在人生中經歷的全部事件與經驗，創造出一層層的烏煙瘴氣，團團包覆著你，遮蔽了在你的核心本質裡面，那個最威猛版本的你。你對自己的看法，攸關你可以顯化出什麼樣的生活。你的自我形象會決定你的全部想法，繼而引發你的感受、行動與行為。這也會影響你的能力。

但是，如果你的自我形象尚未助你一臂之力，達成你要的成功，你一定會很高興地知道，自我形象是可以改變的。你以前的身分認同，帶領你得到如今的現狀，而這樣的身分認同，不會讓你進入新階段，活得彷彿搖滾天王一般。

你一向以來創造的身分認同讓你走到當下的狀態，而你可以使用相同的方式創造更棒的身分認同，來前往你希望在下個月、明年或十年後抵達的目的地。許多研究顯示，不分男女老少，所有人不但可以改變對自己的看法，也可以改變他們的行為，進而改變人生。轟啊！

我們人類認為重新塑造自己難如登天，一個原因是我們耗費數十年才變成如今的模樣，所以要翻新我們的整個設計顯然不是易事。當你習慣了一種行事風格與生存方式，一切都變得盤根錯節，令你相信一切都無法更動。你會牢牢抓住你的信念，即使那些信念妨礙你成功。美國汽車工程師亨利．福特（Henry Ford）說過一句很睿智的話：「覺得自己辦得到的人，跟覺得自己辦不到的人，兩者都是對的。」那麼，你屬於哪一個陣營？如果你相信自己做不到，不管是什麼事，便絕對不可能做到。

我要徹底講清楚：改變自我形象不只是反覆誦念「正向的話語」，然後希望在一陣魔法的青煙中，你便從一隻青蛙變成王子或公主。你不能只是在一坨大便上撒一些獨角獸的金粉，然後期待那一坨大便停止發臭，外觀也變美。扭轉你對自己的看法是深層的工作，得先把烏煙瘴氣好好清乾淨。**如果你自我形象根本就是負面的，你不可能正向思考**。

早在你採取實現目標的第一項行動之前，你對自己是誰的信念便形塑了每一件發生的事。在你擬訂計畫之前，你的自我形象便存在了。如果你認為自己對風險退避三舍，很得意自己是戒慎的人，猜猜你會如何面對每一個新情況？……你會謹小慎微。於是問題來了——

如果你覺得自己是遠離風險的人，你要如何懷抱信心，向或許可以給你帶來美好人生的未知前進？答案是你辦不到——迴避風險的自我形象會局限你，讓你作繭自縛。

要達成你在第三章訂立的全部目標，你得強烈相信自己有辦得到的本領。你要有自尊、自信，要信賴自己。你要對自己這個人感到自豪。當你的自我形象與成功是相容的，你追求目標時便會拚勁十足，什麼都擋不住你。當你開始剝除一層又一層的耳濡目染，尋求靈魂的指引，你獨一無二的才華與天賦會浮現出來，引領你實現生命中的喜好與目標。我真心相信我們每個人都有特殊的才華，只要我們允許自己去發揮，這些才華便可以為我們開創出最豐盛的生活。

改變自我形象最困難的地方在於，自我形象埋藏在我們的潛意識，再怎麼說，**潛意識主宰了我們八〇%的行為**，必須深入挖掘才行。你或許會問：「但我要如何翻轉一切？」或許你看著自己的目標清單，只想到自己以前如何「失敗」。其實，想要鬆動往事對你的精神影響，有個威力大到誇張的方法，就是依據你為自己選擇的嶄新身分認同（不是以前的那一個），來評量每一個奠定在未來的目標。一旦釋放以前那個「失敗」的人，你便會成為可以達成那些目標的人。

如何選擇改變？

當我做出選擇，決定改變對自己的看法，兩週後便收到一則訊息，揭開了人生劇變的序幕。當時我在飛往夏威夷的班機上，滿心興奮，期待在宛如天堂一般的島嶼上度過一週，這可是我耐心等待，放在心願清單上十年的事情呢！我終於要去夏威夷了。我帶了輕鬆的讀物，是由睿智非凡的偉恩・戴爾（Wayne Dyer）寫的書，書名是《意念的力量》（*The Power of Intention*）。我永遠不會忘記他撰寫的語句，一個字、一個字地從書頁間蹦出來，牢牢烙印在我雙耳之間那個器官上：「**所有情況本身都不具備情緒色彩。不論遇到任何情況，我們都可以決定自己要有什麼感受。**」

多虧有這些話語，我才沒在隨後幾週不斷盤旋下墜。

我在美麗的歐胡島降落時，壓根兒不曉得隨後幾週的日子會狠狠給我一記鎖喉拋摔，促成我的重生，讓我成為今天的模樣。

孩子們和老公跟著我下樓去吃早餐，我準備悠哉地替自己點一杯新鮮的柳橙汁和水波蛋，這時我的電話響了。是我的姊妹。我浮現大事不妙的預感，果然沒錯。

我忍住眼淚，用早餐菜單遮住臉，以免女兒們看到我崩潰。我姊妹捎來噩耗，說我當時八歲的小弟白血病確診。她的說法是：「他被感染和癌症纏上了。」

我覺得噁心。你打死都想不到自己的家人會遇上這種事。

我望著自己的兩個漂亮女兒，她們只比我弟弟小幾歲，我心疼得幾乎喘不過氣。我想像著假如有人向我通報女兒們的壞消息。在那一刻，我再也鎮壓不住淚水，我知道爸爸一定覺得天要塌了。

我跟英國通了幾通電話，決定按照原訂計畫，去造訪一座瀑布及健行。那天，我在美麗的瀑布游泳，選擇去做一件大部分人不會懂的事。我不斷重述：「我很感恩。」我一定要相信這背後有更宏大的訓示，在這神聖的騷亂之後，必然有美好的事物在等著我們。

即使在煎熬不已時，欣賞壯觀的大自然，也能給人深度的撫慰。我必須相信這個消息是一份包裝得醜不拉嘰的禮物，要一段時日之後才會看出禮物的真貌。我選擇即使陷入最黑暗的時刻，也看見美好。我選擇把噩耗本身視為沒有情緒色彩的事件，賦予它正面的感受。

這平息了我的心痛嗎？沒有。我弟弟的病情是否因此在一週之內好轉，不必進行痛苦的化療呢？也沒有。這帶給我希望嗎？去他的絕對是。

瞧，你可以基於習慣，選擇做喪氣鬼、受害者、八卦女王或是哀哀叫的傢伙。但是當你選擇去愛、去感恩，你便敞開大門，得以發揮純粹的潛能，顯化你要的事物。我殷切地希望弟弟康復，幾個月後，弟弟險峻的病情翻盤，全面緩解。那六個月可以充滿負能量、憤怒與恐懼，也可以充滿愛。我選擇愛。

你要了解到靈魂的預設模式是愛（下一章會繼續討論靈魂的事）。我們愈是心懷善意與喜樂，把照顧別人、服務別人視為優先要務，愈能讓小我安分下來。對小我來說，愛、和善、喜悅像氪星石＊，小我會活不下去的。這些正向的情感便是靈魂與你溝通的舞台，協助你接通靈魂的高明指引。當你哀哀叫、怨天怨地、滿肚子苦水，小我便知道你奉上了滿漢全席，於是精神全都來了，它會立刻現身，又一次興致勃勃地主掌大局。

也務必要學會，不論生活乍看之下如何黑暗或鬱悶，都要看出其中蘊含的可能性。

你有一個選擇：**你可以把每件事都當作是轉機，也可以凡事都視為打擊自己的機會，看你要做哪一種人**。如果你放任自己挨打，即使你有天大的成就也沒用。所以說……

＊在超人電影中，會使超人喪失超能力的礦物。

- 你的業績很亮眼嗎？你照樣挑得出毛病，痛斥自己沒拿下更多業績。
- 你感情美滿嗎？你照樣挑得出毛病，只著眼在不是盡善盡美的那一〇%。
- 你在健身一年後，撫觸著自己前所未有的漂亮身材？你永遠都在找哪裡還有鬆弛的肌肉。

將被恐懼、懷疑、負面心態牽著走的思維，提升為帶來力量、正向的思維，這很重要。生活裡總是會有二元性的存在，這是免不了的。有光明就有黑暗；有潮溼就有乾燥；有好就有壞；有香檳就有空酒杯。當然，前述的各種情境就如同人生百態，你永遠可以選擇接受現實，接受二元性，然後向前走，看見機會。

調整態度，修正思考流程

選擇做自己想做的人吧，現在正是時候。讓我們展開移除情緒疤痕的程序，調整你的態度，修正你的思考流程。時機已經成熟，移除關於匱乏、失落、憎恨失敗的信念，原諒你自己。我以「認為你辦得到」的人的身分，全面允許你更換一個嶄新的身分認同。

我們被創造出來是有原因的，不論你對創世抱持什麼信念，哪有老天爺創造我們來承受失敗的道理。任何事物，都不會是為了追求失敗而刻意創造出來的。我們每個人的天生設定就是要成功，當我們將這樣的信念融入我們的身分認同，我們的思維便會引導行動，帶領我們走向成功。

我們不是注定要失敗。我們投胎到這個星球，可不是為了退而求其次，為了不去圓滿實現我們的願望。在我們出生時，預設的「原廠設定」就是成功。我們人類被安置在這顆星球上，是為了讓我們蓬勃發展，只要你清楚自己想要什麼結果，也清楚實現目標之前必須成為怎樣的人，你在這個世界上便無往不利，左右逢源。但你得重設你的程式設定。

你嶄新的身分認同會左右你做的每一件事。有許多方法可以讓你開始建立新的身分認同。這些方法並不要求你實際做到任何事，大可不必擔心自己最近的表現：

- 選擇綻放異彩。

- 選擇洋溢著自信。
- 選擇成功。
- 選擇聰敏。
- 選擇紀律。
- 選擇性感。
- 選擇無畏。
- 選擇激勵人心。
- 選擇一流。
- 選擇時髦。
- 選擇稍微有點壞壞的。

選擇做怎樣的人真的都無妨——只要你豁出去做就對了，親愛的。

要重新設定自我形象，最威猛的絕招之一是觀想。在這顆星球上，只有我們獲得了想像力的恩賜。想像力讓我們可以創造，可以有夢想。這是顯化之道的重要環節，因為世界上的

成功人士與不成功的人之間，唯一的差異是他們選擇了不同的想法。誠如前文的說明，我們的想法會變成事物。

我舉個例子，好向你展示想像力的強大。請擔待我一下，深吸一口氣。現在，我要你想像你走向你家的水果盤，看到一顆漂亮、多汁的黃色大檸檬。我要你拿起檸檬，去拿刀，切成兩半。我要你想像自己在舔食、吸吮檸檬。如何？你可以感覺到嘴唇噘起來嗎？你嚐到這顆想像中的檸檬的酸味了嗎？有吧？瞧，你的心智不會區別什麼是真的，什麼是幻想的。

神經可塑性是指大腦建構新神經路徑的能力（神經系統不同部位之間的互相連結）。就像建構肌肉一樣，神經路徑愈是「操練」就愈是強壯。強壯的路徑成為我們青睞的心理「公路」，因此，在觀想時運用想像力，同時投入強烈的情感，便可以建立新的思考模式與存在模式。

當我們時常觀想，便可以實際創造出新的「回憶」來取代「舊的」回憶，而舊的回憶裡，就存放著過去那些扯我們後腿的身分認同。儘管這些新的「記憶」其實沒在現實世界裡發生過，但大腦分不出差異，反而會開始工作，協助你走向你想要的結果。你的想像愈精確，願景便愈穩健，如此便是賦予大腦更多的力量，讓大腦端出將願景化為現實的方法。

佛祖說：「一切唯心造。」

與成功對頻

- 你對於自己是誰的信念，會塑造出你的身分認同。這些信念主宰你在生活中採取的每一個行動。
- 做大事的能力以及力量是與生俱來的，只是後天的耳濡目染將你塑造成另一個樣子。
- 你得認清自己是幾時被雕琢成你不想當的人，你得回復「原廠設定」。
- 要對準正確的顯化頻率，剝開外殼、移除面具是必要條件。
- 你過去的身分認同，不會帶你進入新階段，展開宛如搖滾天王一般的生活，你得換一個身分認同才行。現在時候到了，創造一個與成功相容的自我形象吧！

「做就對了！」練習

每天十五分鐘，想像最佳版本的自己

在第五章，你省思過你相信自己在哪些方面很失敗。你檢視過自己是按照誰的標準，認定你失敗了。

現在我要你再挖深一點，寫下你不能實現目標的原因。你有什麼恐懼？有什麼會阻撓你的人格特質？你的內心深處有什麼限制性的信念？我要你寫下浮現在心頭的所有想法，即使那些想法似乎很低劣或愚蠢。

接著，我要你檢閱你的清單，一邊重述「我原諒自己，我愛自己。」一邊劃掉每一項恐懼、性格傾向與信念。你得大聲說出來，以便開始重設你的潛意識。

現在你可以開始創造「新的」記憶，建立穩健的心智畫面，勾勒出你決定以什麼面貌向前走。認真思考你為自己訂立的目標。

你要成為怎樣的人，才可以達成這些目標？

我知道自己需要紀律。我知道自己需要勇氣。

你要一清二楚地，摸透那些已經實現你那些目標的人：

- 他們以什麼樣貌頂天立地？
- 他們的人格特質是什麼？
- 他們每天做些什麼事？
- 他們的體態如何？
- 大家如何描述他們？

當你為自己選擇的新身分刻劃好「心智電影」，一天便要觀想十五分鐘。

觀想自己在為顯化出來的心願而歡欣鼓舞，彷彿那已是事實。如果你想要修復感情關係，想像自己在享受夢寐以求的愛情，畫面要鮮活。如果你想要減重，想像自己在健身房鍛鍊身體，操練到不亦樂乎。如果你想要成功的公司，在心裡想像自己在談生意、慶祝公司的里程碑、在銀行存入巨款。想像自己以最佳版本的模樣出現。

用觀想來穿越負面的碎碎念是需要練習的。一開始練習時，會覺得很困難、很累人。但如果你踏出一小步，每天重複練習，便會逐漸變強。要不了多久，便會不費吹灰之力。如果聆聽音樂可以激勵你的話，就聽吧！記住，當我們將正向的情感加進觀想之中，便可以建立新的神經路徑。

要有耐心，成果會好到嚇你一跳。對了，如果你嫌每天抽出十五分鐘來操練很麻煩，你就太可恥了。藉口是夢想大盜——豁出去做就對了啦！

第 7 章

愛自己，從尊重自己的身體開始

極度不愛自己的流行病目前正在蔓延，以致千百萬人非常虧待自己。

好，現在你發掘了自己的想法，選擇要擁抱新的自我形象，那就該來強化、鞏固這個自我形象了，就像大明星在好萊塢星光大道蓋手印。

那麼，且讓我問你一件事：你相信自己嗎？讓我再進一步問：你愛自己嗎？這不是腦筋急轉彎，如果你給我肯定的答覆，我不會指著你大笑，說你是狂妄自大的大頭病患者。我正經到不行。

我何必問這個？因為，愛自己的說法是我到二十七、八歲時才開始聽到的。自我厭惡則是我駕輕就熟的事，而我注意到一般大眾跟我一樣。「我好胖。」我會無情地一再告訴自己。我暗自討厭身邊二十四腰的女生，希望她們會大嚼麥當勞的大麥克漢堡，吃到肥滋滋，好讓我相形之下顯得纖細！對我來說，要控制自己將什麼吞下肚，似乎比自我厭惡更難，我周而復始地嘗試瘋狂的節食方法，只陷入哪兒都去不了的漫長黑暗。身體本來應該是神殿，我的身體卻比較像串燒店。

從我十五、六歲到二十出頭的那些年，大半時候都處於溜溜球減肥法的循環中，服用從網路買來的可疑減肥藥，說來丟臉，我甚至認真思考如何把棉花變美味，因為我看到模特兒吃棉花的報導，如此既有飽足感又零熱量。當你討厭自己賴以生活的身體，問題就大了。如果我們愛自己，就不會懲罰自己、訓斥自己、責怪自己，或是像在「熊熊工作室」*製作玩偶一樣，把食物塞進自己的身體。如果我們尊重自己與生俱來唯一的身體，便不會常常用過量的酒精、尼古丁、高度加工的速食來懲罰身體。

目前，極度不愛自己的流行病正在蔓延，以致千百萬人非常虧待自己。愛自己不是什麼不切實際、多愁善感、歡樂光明的鬼話，不是只有喪失勇氣的男生或女生才適用——這一點很重要。從在校園與職場表現欠佳，到焦慮、抑鬱、酗酒與吸毒等，有數不清的心理問題，都與缺乏自愛、對自己沒信心有關。

不再相信自己的後果

我親眼目睹缺乏自愛如何摧毀人的生活，因為不愛自己會導致痛苦。那是在二〇一〇年

---

* Build-A-Bear：美國玩偶品牌，由廠商提供材料，讓顧客自行挑選、組裝。

冬天，我住在老家，又一次在夜晚與一個原本應該愛我們的男人待在家裡，承受他的情緒霸凌。我媽媽出門了，家裡只有我跟繼父在，而我聽到他在電話上說，我們母女有多麼不堪。他醉醺醺的。我覺得自己噴出怒火。我跑到樓下，看到旁邊有一瓶伏特加，便抄起來。我慌亂地打開瓶蓋，將酒倒進水槽。我整個人都在打顫，半是氣得發抖，半是害怕被逮到的心情導致腎上腺素飆漲，但那瓶酒是我們每個人生活裡的敵人。

說時遲那時快，我的繼父衝過來，臉色脹紅到我以為他的臉會爆炸。「你幹了什麼好事？」他吼道。我開始對他大叫：「你再喝就沒命了。」我強忍著淚水，在血液裡奔流的腎上腺素仍然在令我發抖。

我望著昂然站在我面前的他，他要揍我了。「不然你打我啊。」我嚷著。「你動手啊，你動手了我就可以報警，總算可以讓你滾出去了。」

他停下動作，對著我亂罵一通，然後走開。我跑回樓上哭。他曾經是個好男人，我們很愛他，他怎麼會變成這種怪物？這人迎娶我們的母親，我們自豪地稱呼他繼父。這個人曾經將我們當成家人。我的繼父在世時是酒鬼。我說「在世」是因為在我寫下這段文字的前幾天，他便黯然離世，死於要命的肝病。我每天都聽說酗酒是一種疾病，有酒癮的人幾乎都無力招架。對，酒癮是心病。這種心病把受苦變成一種生活方式，而對某人來說，唯一的出路是每天用一公升的伏特加麻痺痛苦。

我的繼父不再相信自己。他不愛自己，以為全世界都在跟他作對。他在自己的痛苦當中失控。各位務必要明白，他不是爛人。他厭惡自己，被那種痛苦宰制。受苦永遠與一個人遇事時的看法有關，而我的繼父學會了變成無助的人，不相信自己夠好，然後用酒精慰藉那種心情。我成為教練的動機之一，是幫助大家了解我們賦予一件事的意義，可以協助我們向前走。即使我們陷入最黑暗的時刻，都可以選擇改變想法。不管有多困難，永遠都有從不同的角度看待事情的機會。

關於愛自己的真相

說起來真的很諷刺，我們在成長過程中，學到了「愛自己」是壞事，認為愛自己是有大頭症、自戀或自大。但是當我們全心全意地愛自己，便不會將自己的身體與心靈當作敵人。

我罹患憂鬱症時在腦袋裡跟自己說的話，要是有辦法錄製出來給大家聽，保證會嚇到大部分人，可是卻有那麼多人在腦袋瓜裡循環播放咄咄逼人的言語，痛罵我們必須相處一輩子的自己。對，我們得跟自己相處一輩子，至死方休，所以我們給自己的待遇應該大大改善啊！

愛自己不只是泡個熱水澡，或是犒賞自己一個皮包，愛自己比那深刻得多。**愛自己是一種對自己誠實的能力，你要向自己坦承你有哪些不快樂的地方，才能實際去改善情況**。愛自己是接受並承認自己全部的人生故事——不論人生故事的章節黑暗到什麼程度。愛自己是接受你的全部旅程，接受你在旅程中變成什麼樣的人，不譴責自己做得不對。愛自己是有紀律地追求你真心的願望——不論是這個願望是多愛自己一點，以離開令你苦不堪言的伴侶，或是終於戒斷害你糖尿病的糖，或是實際去追求夢想，變成最快樂版本的你。

不愛自己或許不像酗酒那樣會大喇喇顯露在你臉上，而是深深潛伏在潛意識裡。你或許從內心深處相信自己不配得到金錢、愛或你想要的身材，下意識地採取會阻礙你成功的行動，於是你的信念便顯化了。

你對自己有多少愛，會決定你斟酌採取的行動。如果你不相信自己配得上財務豐盛，便不太可能承擔必要的風險來培植自己的財力，或是豁出去創業，或是爭取升職。如果你不認為自己配得上緊實的完美腹部或珍妮佛・羅培茲的美臀，你便不太會花時間去健身，反正「再練也是浪費時間、金錢，毫無助益。」如果你不相信自己值得「從此過著幸福快樂的日子」，便會保留自己的愛，或是心理變得完全不正常，遇到芝麻綠豆大的事便下意識地挑起爭端，試圖葬送這段感情。

前述的事我統統幹過。你呢？

愛自己不是與生俱來的，也不是天生就沒有的。愛自己與你是否成功無關，也不是人格特質。愛自己是一種生活方式，一種日常習慣——一種身體力行。真相是，許多人看到現在的我，他們會看到一個快活、熱情、成功、自信的女性，不會看到我的戰爭創傷。我已經用靈性雷射手術除去了舊日的傷疤，無法以肉眼辨識。但疤痕就在那裡。只是我沒有讓痛苦決定我是誰，反而接受痛苦的教誨。我沒有抓住會令我懲罰自己的過去，學會去原諒自己，讓自己真的向前走。我決定要愛自己，不僅僅是喜歡自己，因為愛自己的威力要大上許多。你也可以做出選擇，毫不害羞地相信自己、愛自己。

那你如何做出這十二萬分重要的切換，離開責怪的魔掌，跟這個與你相處了一輩子的人展開快樂、相親相愛的關係？好，第一步是原諒自己的過去——凡是令你相信自己沒有價值的事情，一律放下。第二步是即使害怕，也要擁抱人生（恐懼會以各種形式冒出來），因為你夠愛自己，願意找出最盛大版本的你。第三步是尊重自己的旅程，感恩所有的高高低低以及讓你走到目前這一步的鬼打牆。

「你愛自己，生命就會愛你。」卡馬爾．拉維坎（Kamal Ravikant）在《愛自己，彷彿不愛會死》（*Love Yourself Like Your Life Depends on It*）寫道：「我也不認為我們有選擇。我無法解釋當中的道理，但我知道這是真的。」

原諒別人，就是原諒自己

你可能注意到了，我喜歡F開頭的字眼，但不是只有「髒話」。剛好有另外兩個F開頭的字，我認為與自我發掘的神奇旅程相輔相成。第一個詞是信心（這個我們已經說過了，在第二章），第二個詞是原諒（forgiveness）。

原諒自己，不論別人做了什麼也都原諒，這是在邁向愛自己的路途上最難艱的行動之一。瞧，當你擁抱這些愛自己的高調，便表示你願意把照顧好自己的能量視為第一要務。因為別人在你的心目中不夠好，你就抱著對別人的怨憎不放，這可是會嚴重削弱你的能量，影響你的創造力，讓你不能開創豐盛許多的生活。

沒有完美的家庭就覺得自己不夠好

來瞧瞧莎拉的例子。莎拉五歲時，母親便將她交給比自己年紀大很多的退休父親撫養。從五歲到十三歲，莎拉每年只能見到母親一面。她就讀一所位於高級地段的學校，人人家裡似乎都很優渥，套用莎拉自己的說法，那裡屬於擁有「正常」生活的「完美」家庭。

莎拉覺得跟朋友相比，自己並不受珍惜，也不被愛，她建立的信念是自己不夠好，所以不值得被愛，認為這就是母親離開她的原因。這個可怕的想法停駐在她的潛意識，直到三十五歲。

我們開始合作時，她吐露自己很害怕公司成功。我深入探究，發現她顯然不是真心相信自己值得成功，因為她不相信自己夠好。我們要正視事實，如果你覺得把你帶到這個世界的人不愛你，你怎麼會學習到要愛自己或是相信自己？

她對成功的恐懼，只是讓自己保持弱小的方法。她得原諒父母，放下一切的怨憎，坦然接受事實，認清自己建構出完全虛假不實的信念。莎拉內心的小女孩需要一些愛與療癒，也就是她得抽出時間正視她長大成人後的價值，與她童年時得到的待遇無關。

不曉得各位能不能從莎拉的故事看到自己的影子。我就看到了。我十一歲時，兩個與我同齡、跟我非常親密的女孩告訴我，她們被性侵了，這件事改變了我的人生。她們要我發誓保密，而十一歲的我忠心耿耿地閉上嘴巴。儘管當年只有十一歲，我記得自己完全了解性侵的嚴重性。我憑著本能知道有一件大錯特錯的事情發生了，在我得知那是什麼事情時，我歇斯底里地大哭。但我誓言守住祕密，覺得自己扛起了一個十一歲小孩不應該承擔的責任。

我漸漸長大，這個祕密變得更沉重。結果，我出現駭人的噩夢，卻無論如何不能吐露原因。我覺得自己辜負了她們，感受到明顯的內疚。當然，我沒有辜負她們。我才十一歲，但我建立了一個深層的信念，然後在我差不多十二歲時，在我身上顯化出憂鬱症的初期跡象。我守著這個祕密將近十年，才向人求助。不久之後，性侵者便過世了，終其一生都逍遙法外。那股憤怒與罪惡感在隨後那些年裡，都在我心裡臭爛，而在潛意識之中，我不相信自己值得成功。

我十二歲時，父母離異。大部分小孩不會樂見這種變故，但我不是。我童年大半時候都宛如活在戰爭地區，卡在不曉得如何讓彼此快樂的父母中間。當時，我在學校還被一個女生霸凌，她決心要讓我活得慘兮兮。我們學校是女校……嗯，女生可以很難搞的。那女孩大費周章地排擠我，而我是長期苦苦乞求被愛、被接納而不得的人，因此被排擠令我心如刀割。我永遠忘不了有一回其中一個女生舉辦派對，她邀請我們那個年級的每一個人，唯獨沒請我。如今這件事看起來微不足道，但當時感覺就像臉上挨了一拳。我至今依然不曉得她究竟覺得我哪一點那麼討人厭。我不曾真的融入任何小圈圈，我記得自己總是覺得非常彆扭，拚了命地要跟大家一樣。

十六歲時，我第二次陷入愛河。對方比我大五歲，開車，所以是超酷的人，一開始他讓我快樂似神仙。跟年紀較大的男生交往是有好處的，我在學校的江湖形象因此大幅改善，我的等級從一無是處的廢渣，升級到至少有一點點酷。他會逗我笑，而我愛他。

然而情況很快便急轉直下。我開始在週末大量飲酒，尤其我是跟年紀較長的男友同行，所以可以踏進酒吧跟夜店。他很愛管東管西，操弄我的情緒，而且是超級大醋桶，把我的心當作沙包。有一回我們去了酒吧，當時我跟他的一個朋友聊天。他走到我面前，用髒話罵我，然後把滿滿一大杯的啤酒淋到我身上，譏笑說：「現在沒人會喜歡你了。」我記得那鋪天蓋地的屈辱，而我相信他是對的。沒錯，我跟大部分覺得自己沒價值的女生一樣，繼續守著他，因為我愛他。

這段感情的谷底是他企圖服藥過量自殺，被送醫救治，而我在醫院等待他完成洗胃。謝天謝地，他保住性命，但不久之後，他說他之所以想要輕生，全都怪我不好。由於他威脅要尋短，加上他不時小小羞辱我一下，我便被他拉進他內心的情緒戰火了。就是從那時候起，我開始焦慮，有許多負面的念頭。感覺就像我被一條看不見的情緒繩索拴住，跟他串在一起，而這條繩索愈綑愈緊，我不曉得要如何脫身。這個我深愛的男孩也是我深深痛恨的人。

即使我才十六歲，但我一直納悶為何人生的一切，似乎都這麼苦。如果人生如此艱難，我不確定自己想要繼續活下去。到了十六歲時，我服用百憂解。我清楚地記得自己在全科醫生的診間，向她說明我實在不覺得自己撐得下去。在有些日子裡，我覺得自己狀態不錯，很快樂（通常是我出門買醉的時候），但在大部分日子裡，我只感到低落。我在一個月後便實際停止服用抗憂鬱藥物，幾個月後的某天晚上，他對我拳腳相向，我才終於結束那一段有毒的戀情。

我絕望地渴求會有人注意到我、愛我，協助我覺得好受一點。這時我已經有頑強的焦慮，後來我才意識到那股焦慮，來自害怕別人傷害我的恐懼。我好怕自己不夠好，受不了被人拒絕之後的心碎感覺。有時這種焦慮強烈到我承受不住，幾乎不能呼吸，而我的心臟會跳得超大力，我相信它會從我的胸膛蹦出來，將我撕裂成兩半。

這股焦慮在我跟人交往最強烈，諷刺的是我卻因為太渴求愛情，一段戀情結束便又跳進另一段戀情。這是惡性循環，我由衷相信自己的幸福，掌握在另一個人的手中。我始終在等待白馬王子駕臨，給我真正的幸福，但每次我展開一段新的戀情，焦慮便捲土重來。儘管我們會有一些幸福美滿的時刻，但我總是會發現自己面臨了恐懼的暗流，害怕對方會傷害我或離開我。想也知道，這種恐懼令我的行為活像徹頭徹尾的瘋婆子，那些戀情便一一破滅，令我萎靡不振。

二十歲時，當我又一次被甩了，我發現平息痛苦的最佳解藥——古柯鹼。麻痺痛苦的感覺太美妙了。每次我吸食那一排白色粉末，我都會變一個人；我會變得強而有力，無憂無慮，風趣好玩。我是生命，我是靈魂，我的自信心不可同日而語。我人緣好，搞笑，肆無忌憚。我可以直視前男友的眼睛，給他象徵性的「去你的」，即使我內心拚命想要復合。

不久之後，我也開始吃搖頭丸。我玩得不亦樂乎，不放過任何出門的機會。出門給我嗨到最高點的藉口。但嗨到最高點之後，必然會盪到谷底。墜落很駭人。我的焦慮加劇，情緒低落的日子變得更低落，而我開始失眠，腳會抽筋。曾經失眠的人都知道，徹夜無眠、只能與自己的思緒作伴，簡直跟酷刑沒兩樣。

我熱愛派對，但直到回首前塵，我才意識到自己只是利用派對上的歡樂來分散注意力，不去關注自己。而且坦白講一句，我一點都不喜歡自己。我討厭自己的身體，我討厭自己單身的事實，我討厭自己有焦慮症的事實，因為焦慮症毀了我的每一段戀情。所以，你瞧，我很了解失去對自己的愛有多簡單。我覺得自己的人生一團亂七八糟。

我知道這樣的經歷不是我獨有的。我們**大部分人跟自己的關係都很不愉快，所以才會從自身之外的世界尋求愛與幸福**。**別人不肯定我們、接納我們，我們就不會喜悅**。像我以前那樣仰賴別人給你快樂，會令你大大失去力量，變得黏人、占有欲強、嫉妒心重。

我終於學會了如果我不愛自己，永遠不會真的感受到被愛的幸福。數不清的人以為我們得跟人相愛才會光彩動人，但實際上，當我們先學會愛自己，我們才會真的展露風華。

當我開始與自己建立全新的關係，我的婚姻變得美滿無比，我投入了更深刻、更充滿尊重的關係，婚姻建立在互相欣賞、感恩之上，而不是互相依賴。

如何原諒自己？

我經歷的一切在大腦留下了精神上的烙印，你全部的經歷也會留下印記。因此，原諒自己真的有其必要。你的痛苦與錯誤，在妥善的檢視下，可以成為你的靈性指引，實際上那些痛苦不堪的時光會為你帶來機會，讓你可以發掘自己內在的金礦，學到教訓，讓你得以成為最佳版本的自己。

我要你寫下今生犯下的錯誤、你懊悔的事、你恨不得改變作法的事。

現在我要你寫下，你從每一件事學到什麼。

現在回顧你的全部條目，一邊劃掉，一邊複誦：「我原諒自己，我愛自己。」

如何原諒別人？

令我們痛苦或生氣的人——他們是我們最重要的老師。他們標示出了我們原諒別人的極限。為了往事而責怪別人，或者更糟的是責怪自己，並不能幫助你邁向未來，所以說，你要正視你除了原諒自己，也要原諒那些你覺得虧待你的人，這是非常重要的。

原諒並不會讓他們做的事變成對的。也不表示你否定了他們做錯事的事實。原諒一個人，等於是強而有力地宣告：「我不再選擇抓住怨憎或責怪帶來的惡劣能量。」原諒的意義，就是你選擇愛自己，停止沉溺在你的憤怒與痛苦之中。

我要你寫下一份清單，列出傷害過你而你也依然懷抱負能量的對象。

現在我要你為他們每一個人，寫一封寬恕他們的信。如果不想讓他們看信，就不必交給他們——主要是讓你調出腦袋裡的想法，寫在紙上。神識清明地做出原諒的宣告，力量是很強大的。

記住，當你可以感恩一段經歷，不論那段經歷是正面或負面，真正的快樂才會降臨，而原諒是這種感恩的重要環節。你要向前走，一定得把過去的傷痛一律放下。

接受自己的真相，不要假裝

選擇愛自己是需要勇氣的，要愛自己就得接受自己的真相，接受你的想法，了解你有改變想法的力量。當你維護生活上毫無瑕疵的美麗表相，可是內心的感受卻恰恰相反，那你會在情感上及精神上感到枯竭。

這本書看到現在，你大概已經知道登上舞台是我的夢想之一。因此，當我得到一部電影的臨時演員工作機會，我就去了。對，我不是主角，但我終於可以嚐嚐演電影的滋味。我飛到西班牙演出《囧男四賤客》（*The Inbetweeners*），在船上的場景亮相。如果你現在觀賞這部電影，流覽一下船上派對的那一幕，你會看到陽光、舞蹈、歡樂的臉蛋，青少年放浪形骸的燦爛假期場景。

拍片現場的實際情況全然不是那麼一回事。首先，當時天寒地凍，颳著冷颼颼的寒風。船上那一堆塗了仿晒霜的臨時演員，在搶奪咖啡色的大毯子來保暖，一邊吞暈船藥，努力不要嘔吐到別人身上。有時在最後的電影成品裡五分鐘的戲，卻得花上幾個鐘頭來拍攝。簡單說，這整個經驗與我童年幻想中的光鮮亮麗生活形態，根本判若雲泥。

在那一週，我終於捨棄了當女演員的夢想。講句真話，很多人佯裝自己的人生是剪輯得無懈可擊的大片，始終維持那樣的假象，而他們在幕後的真面目，是又冷又病，緊緊裹著一條毯子悶悶不樂：拒絕跟朋友透露老公不忠的女人，害怕別人批判她；擺出婚姻幸福表相的男人，掩蓋自己是同性戀的事實；律師夜夜在家裡灌酒，因為成功的事業令他心力交瘁。

努力振作、保持完美是很累人的。維繫表象，生怕別人看見你的真實樣貌，保證你會淪落到悲慘旅館裡。愛自己意味著要誠實無欺且勇敢，一眨不眨地直視你的生活，問自己：「這就是我真心想要的嗎？我是自己真心想做的人嗎？」

優先照顧自己

愛自己也意味著選擇自己，管理自己的能量，你才可以盡力保持高頻振動，全然待在顯化的道路上。想像自己是一台能量製造機。你要充滿正向的能量振動，每次你選擇去做不能讓你充滿能量的事，就像從你的製造機扔掉一條纜線，導致能量外洩。你有自私的權利，優先照顧自己。當你體認到你的能量攸關自己的成功，你會火力全開地防範自己的能量外洩。

為了討好別人，卻耗盡自己

我希望你會會艾拉。艾拉長久以來都在討好別人，難以回絕任何人。這表示她對每個人、對每件事一向來者不拒，從來沒有自己的時間。這不僅會耗盡她的體力，也會吸乾她的精神與能量，因為每次她允諾去做令自己快樂不起來的事，她都會有怨念。你違背心意承攬事情，只是想避免小我說你是壞人，結果你沒有採取與個人意願一致的行動，反倒演起戲來，裝作樂意。

放下希望獲得別人肯定的心理需求

有個信任自己、愛自己的方法，就是放下希望獲得別人肯定的心理需求。我們都會尋求別人的認同。當你待在試衣間，望著鏡中的自己，暗自覺得自己真是美得冒泡泡，卻依舊要請朋友鑑定一下，詢問他們的意見。有多少次，你問別人是否覺得你的某一個髮型好看，問他們是否喜歡你穿著的服飾，問他們對你必須做出的重大人生決定有何看法？

當你尊重自己，你不會等著別人說你好不好看、是否做出良好的選擇。你對自己的愛，會充裕到為自己做出決定，勇敢地擁抱這個決定。對，有時你確實需要聽聽別人的見解，但只能偶爾為之。練習肯定自己，練到駕輕就熟。

把每天都當作生日

前文解釋過，愛自己是一種身體力行，而頌揚自己的存在是愛自己的一環。在這個節奏快速的衝衝衝世界，我們不會花一點時間，仔細反省我們走了多遠的路。你上一次實際停下來，抽出時間慶賀、獎賞自己，是什麼時候？如果你很難接受這個觀念，你並不孤單。

以前我認為只有在生日當天，才可以慶賀自己的生命，即便是在生日當天，也只能讓別人慶賀我的生命。我不曾單純地坐下來，跟自己說：「嘿，娜婀，表現不錯喔！」如果你時時刻刻都在做事，而不是單純地存在，你會錯過生命中所有的美好時刻。有時，我們對人生實在太嚴肅，太在意最後的結局，忘了享受旅程。

沒肯定自己，反而只會責怪自己

潔絲敏是一位實業家，也是母親，她的生活很忙碌。每天早晨，她會寫下一大串的待辦清單，到了一日終了，她滿腦子只想著還沒搞定的部分，卻不去看看她完成了多少項目。她沒有肯定自己做好的事項，讚美自己，反而陷落到責怪自己沒做完事情的窠臼。

這是向宇宙豎起一根大中指，保證會對準鳥事廣播電台。別等到你達成目標，才願意給自己拍拍手。當你每天抽出時間，肯定你為了達成目標而採取的小小行動，便是在強化那些行動。宇宙最愛湊熱鬧了，每次你稱讚自己又付出一天的努力，縮短自己與目標之間的距離，那你便是對準了宇宙的正確頻率。

當你慶祝自己的成功，便會驅策你做到更多，自信心便節節升高了。這樣做，就是在告訴宇宙你是勢無可擋的，這樣子就可以把更多的正能量吸引到你的生活中。你準備好承擔起自己的光彩了嗎？

你的成就值得肯定，即使是小小的成就也不例外。若不慶賀自己的存在，還有誰會呢？

與成功對頻

- 愛自己不只是泡熱水澡。而是深深欣賞自己與你的全部故事。
- 除非你愛自己，否則你絕不會全然允許自己最深層的願望浮現。
- 原諒自己與別人至關重要。
- 你可以拒絕別人，自私一下。
- 慶賀你自己的存在，每天都要。

「做就對了！」練習

每天花一分鐘慶祝人生

每天花一分鐘慶祝你的人生——讓每一天都是你的生日。這會讓你進入高頻振動的狀態。拿出你的目標清單，寫下你每次達成一個目標都要為自己做的一件事——不論那是買一個禮物、喝一杯香檳或是預訂一個旅遊行程，只要決定你的慶祝方式即可。

人生不是競賽。當你學會在過程中自得其樂，目的地會被襯托得更有價值。

第 8 章

你的言語，開闢改變人生的路

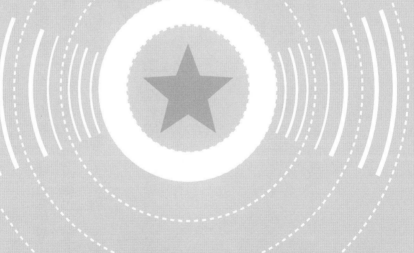

你對自己和對別人所說的話語，是你施加在人生之上的魔法：有時是良善的魔法，但也可以是黑暗破表的黑魔法。

有個我在年少輕狂時會玩的遊戲，名稱是「我從來沒有……」。通常就幾個朋友一起玩，還需要一瓶廉價的酒，那是我出國旅遊買的，不到五歐元，味道像甲醇。遊戲規則很簡單。每一位玩家各拿一杯酒，各有一個機會以「我從來沒有」開頭造句，句子的內容是玩家做過的不得體事情。然後，如果別人做過那件事，他們就得喝一大口酒。結果是一群女孩喝得醉醺醺，咯咯嬉笑，揭開了自己最深層的祕密。

好，我發現我們成年以後，玩起了同一個遊戲的全新版本。就是「我永遠不能……」遊戲，但在這個版本的遊戲中，我們披露的是我們最深層的限制性信念。「我永遠不能……」遊戲令我們維持弱小的狀態，不活出真正的潛力。例如：

- 「我永遠不能戒掉糖。」害你一直不健康。
- 「我永遠不能辭掉這份工作。」搞得你老是不快樂。
- 「我永遠不能離開我的伴侶。」導致你長期停留在有害的感情關係中。
- 「我永遠不能創業。」讓你始終遠離夢想。

你懂我的意思。

當我意識到自己在人生裡玩起「我永遠不能……」遊戲，我決定該是改變的時候了。你在哪一方面的生活玩這個遊戲？我們在前文探討過，你建構的信念會編造出局限你的想法。在經歷了十年的耳濡目染之後，想要改變被玷汙的思維模式可不簡單，但你的言語蘊含著力量，善用這股力量來協助你走過改變的路是必要的，這便是這一章的主題。

我要你明白，言語的力量強大。你對自己及對別人所說的言語，是你施加在人生之上的魔法：有時是良善的魔法，但也可以是黑暗破表的黑魔法。

當我意識到自己在玩「我永遠不能……」遊戲，我痴迷地想要了解言語的力量，我想知道樂觀與悲觀對人生的影響。研究顯示，一句話說得夠多遍（不論是對自己或對別人），我們都會開始相信那句話。**你說的話語建構出你的感受……你的感受決定你的行動……你的行動影響你得到的結果**。

從悲觀切換到樂觀，從內在對話開始

我長年累月地說服自己，我的人生受到詛咒，而且坦白講，我都修練成灑狗血的大師啦，恬不知恥地高掛受害者的免死金牌，我都不確定自己怎麼可能改變了。李察・巴哈*說：「為自己的局限辯解，想也知道，那就真的變成你的局限了。」

因此，我到了二十七、八歲時，首次開始淺嚐個人成長的世界，聽說了你可以替自己打好基礎，灌溉生活的光明面，當時我感到懷疑。要是可以選擇正面，每個人一定都會那麼做的，對吧？

其實，並不會喔！

或許，你像我一樣，每每聚焦在生活的陰暗面，在你即將冒險投入新的生意或是展開新戀情的時候，滿腦子多半是想著可能遇到的最慘情況。以前我都跟自己說，除夕是一年一度的詛咒之夜，總是諸事不順：我在那一夜經歷過三次被人甩掉的心痛，足以證明你相信會出什麼事，就真的會出什麼事。我已經養成習慣，隨時盯著看有什麼事出問題，宇宙便一直把問題送來給我。記住，你的想法會成真，而我顯化出來的意念簡直遍地開花，但卻是基於各種錯誤的原因，顯化在各種錯誤的地方。

或許，你就像我一樣，才剛開始嘗試新的飲食法或運動計畫，便認定永遠得不到自己致力追求的身材。也許你抱著「反正不能修成正果」的想法，連嘗試展開新的戀情都沒有。或許過去的失敗證明了你認為事情絕不會有結果的想法，果然是對的，所以你才自願玩起「我永遠不能……」遊戲。前文說過，心智的預設功能不是讓我們快樂，而是保障我們的安全。這表示你天生自然，就是會傾向於偵測會令你裹足不前的風險，而不是關注可以拉著你前進的報酬。

但我們要實際一點：在我們大部分人居住的現代世界裡，我們不太可能在每週一次的買菜行程中被老虎蹂躪，或是在去上瑜伽課的路上被熊狠打。隨時隨地都在風險評估，感覺上很浪費時間與精力。

不要誤會我的意思，有時風險評估對我們很有益。例如，當我在大喜之日拿著麥克風，脫口指責所有不肯到舞池上跳舞的賓客，但願我事先評估了風險——事實證明那是在結婚僅

---

* Richard Bach：《天地一沙鷗》作者。

僅一小時之後，便與整個婆家打壞關係的強效辦法。然而如果將風險評估視為常態的思考模式，這可就不太妙了。為什麼？因為負面的思緒引發負面的言論，負面的言論幾乎必然會引發負面的行為。

儘管如此，美國心理學家馬汀・塞利格曼（Martin Seligman）大膽地指出任何人只要使用新的認知策略，都可以學會新的行為；也就是說，如果你養成習慣，以新的方式來思考與談話，便可以逆轉悲觀的心態。塞利格曼指出，你如何解讀自己遇到的情況與挑戰（包括目前與未來），決定了你是還有半杯水的那一型，或是只剩半杯水的那一型。這表示**如果你改變自己對境遇的解讀，你的實質立場便可以從悲觀切換為樂觀**。

《韋氏詞典》（*Merriam-Webster's Dictionary*）給樂觀下了精巧的定義：「對未來或是一件事情的成敗充滿希望與信心。」反之，對悲觀的定義是：「往往會看見事物最糟的一面，或是相信會發生最糟的狀態。」

塞利格曼指出，你得研究自己腦袋裡的內在碎碎念，才能判斷你對人生的整體態度。因此，如果你學會了始終如一地去改變內在對話——塞利格曼稱之為你的闡述風格（Explanatory Style）——你便學會了保持始終如一的樂觀。

我本來不認為自己悲觀，直到我出動超大的顯微鏡來檢視自己的對話，包含內在對話與外在對話，才曉得自己的悲觀。儘管我具備快活熱情的性情，但我說話的方式很快便暴露出我的悲觀程度，遠遠超乎我的想像。我得好好下一番功夫改變才行。從靈性的角度，當我們改變自己的內在對話，便改變了振動頻率——各位鄉親啊，書都看到這裡了，你們應該超級清楚改變振動頻率的效果。你對事情的看法，決定了你的反應方式。而你遇事的反應方式，決定了你得到的結果。

你對往事的想法，真的會強勢決定你日後遇事時的反應，塑造出你人生境遇的整體調性。如果你曾經走過一連串失敗的感情關係，你極可能會審視起這些經驗，從負面的角度去理解那些往事，下意識地將你未來的感情關係都注定破滅的觀點，烙印在心上。這樣的觀點既不理性，又有殺傷力，因為你是有力量的，可以全面改變你日後的所有感情關係，顯化出一段長長久久、幸福踏實的感情，只要你選擇信任，保持正向的思考。

判斷人生態度的三層面

要判斷你位於人生態度量尺的落點，有三個必須考量的層面：

- 持久性（Permanence）
- 牽連性（Pervasiveness）
- 個人化（Personalization）

我們一一檢視這些層面。

持久性：對事件持續多久的看法

首先，是你認為一個狀況會持續多久。我最愛的例子是「節食絕不會有用」。你可以看出來，這句話相當悲觀，因為我用的詞是「絕不會」。相信壞事會持續不斷，從「永遠」和

「絕不會」的立場來思考壞事，表示你有悲觀的闡述風格。

樂觀的人對於一件事會持續多久的看法，便會有許多的轉圜餘地，視為短暫的挫折，所以他們可能會說「我出去吃館子，就減不了肥。」看得出來，樂觀者遇到這種狀況時的反應，是秉持個人的力量，將減肥失靈的時間範圍，限縮到外出吃館子的時候，而不是隨時隨地。真正重要的是，你要明白反之亦然。悲觀者也認為自己遇到的好事是暫時的狀態。悲觀者可能會說「今天運氣真好」之類的話，可見絕大部分日子都運勢欠佳。

我不想要悲觀，悲觀畢竟是憂鬱症的單一重大原因，我樂得甩掉悲觀。悲觀者對挫折的反應，來自於假設自己無法控制事態，表現出一種稱為「習得無助感」的特質，遇事一律採用「我放棄」或「我再怎麼努力都沒用」的模式。

這種習得無助感變成他們自動開啟的模式，若是他們放任這種模式來主導大局，後果不堪設想。悲觀者認為自己必然會遇到壞事，壞事一來就會持續很久，破壞他們做過的一切，而且問題是出在自己無法改變的根本弱點上。如果你一再跟自己說問題是無解的（悲觀的態度），大概就不會去設法解決問題。務必要知道即使是最樂天的人，面對壞事時也會暫時覺得無助，而還有半杯水的那一型與「我的杯子永遠是空的」的人之間，差別就在於他們從挫折中反彈的能力。

牽連性：挫敗會不會影響其他方面

評估你有多悲觀時要考量的第二個層面，在於你是否覺得自己遇到的挫敗，只是在特定情況下的事件，這稱為牽連性。有些人可以乾淨俐落地將自己的困擾裝箱封存，繼續維持在其他方面的生活，但有的人不行。

有人一受挫就會放棄一切

安妮雖然有感情問題，但工作時會撇下那些狀況，工作表現良好。反之，馬修凡事都要鬧大。每次他生活上彷彿挨了一刀，血便會噴灑到所有事物上。即使馬修只在一個生活領域上受挫，他也會放棄一切。所以，習得無助感是憂鬱症最息息相關的特質之一，因為那會讓你始終覺得自己容易受傷，害怕被攻擊，讓你禁絕一切得到幸福的機會。

個人化：當壞事發生，怪自己還是怪別人

闡述風格的最後一個層面是個人化，也可用來判斷你有多悲觀。個人化就是你認為問題出在自己身上或來自外界。當壞事發生，我們可以怪罪自己或是責怪外力。這稱為個人化。

別一出事就怪自己

凱文一向都責怪自己力不從心地想讓公司成功。他會內化問題，覺得都是自己太笨才會出事，卻不尋求解決之道。這導致他自尊低落。凱文對自己說的話，活像是在跟最可惡的敵人說話。

但千萬要明白一件事，我們也不要把自己的經歷，怪罪到別人頭上，而從靈性的觀點，我們要為自己的旅程負起全部責任。所以我要在這裡增加一句警語：為一個情況負起責任與責怪自己是兩碼子事。說到底，你想要的是改變，有擔當地做出改變是必要的，但不要像凱文一樣，認為是自己不好。

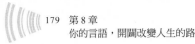

負責任是指從個人力量與成長的立場，回應挑戰的能力。接受失敗是學習曲線的一部分，也是避免從負面的立足點內化事情的祕訣。**承擔起自己的責任，讓你有機會深度挖掘，從內在找到解決方案，而不是怪罪自己**。

所以看得出來，學習如何咻地脫掉你的悲觀褲子，套上綴滿了花飾與流蘇、性感的樂觀褲子，可以帶來神奇的效果與益處。樂觀褲子讓你不會把挫折當作永久狀態，不把生命中的挑戰當作大災難，讓你免於絕望。說到底，自豪地穿上你的正面褲子，學會樂觀，這在你開創夢想中的生活時就是一種超能力。

有件事要說清楚：我深深相信我們要講正面的話語，以及肯定語的力量，但這並不是給你免死金牌，漫不經心地忽略未來投資的風險。你的畢生積蓄不應該用在高風險的投資上，還宣稱樂觀才是上策，或者只因為你擬訂了一整套的肯定語，就創立了一間新公司，投入一個你根本沒概念的行業。習得性樂觀的力量在於可以從不同的角度，來思索你的境遇，於是你改用其他方式來談論那些事情，而這帶來不同的行動，得到不同的結果。大體上，你正在駕馭希望之道。

你是有力量的……

周遭的言論，決定你的態度是正面或負面

除了改變自己的言論，也務必注意在你周遭的言論，這些話語可以直接影響你，決定你的態度有多正面或負面。我開始注意到最可怕的事情之一，是我每天都被為數驚人的悲觀與負面包圍。每次我收聽廣播，總有恐怖行動的新聞。每次我登入臉書，一定有人在哀嘆政局如何惡劣。每次我打開電視，便又會看到實境節目在放送更多的心碎與出軌的伴侶。不論走到哪裡，都有看見這個世界爛透了的機會。我注意到自己身邊的人會講大量的八卦，一再陳述工作很苦悶，沒完沒了的怨言，足見有那麼多人活得不開心。很容易看出憂鬱症如此盛行的原因。

我不禁思索起如果廣播電台的新聞是分享成功與歡慶，不要每個小時都愁雲慘霧，那這個世界將會如何不同。人類關注別人的痛苦，似乎不可自拔。我們愛看恐怖電影，稱之為娛樂，豈不是有一點變態嗎？而這是一個曾經熱愛恐怖電影的人的感想。平均來說，小孩到了十四歲時，已經在電視上至少目睹五個人被殺。每次觀賞這些節目，便會有少量的皮質醇（壓力賀爾蒙）釋入血流，也就是我們一直處於低度的壓力狀態。而這又對我們的健康與身

體不利，也會影響我們的能量與振動。

在我踏上改變人生的追尋之後，我最早做的事情之一就是**停止聽新聞、停止觀賞任何令我悲傷或生氣的電視節目，砍掉所有在臉書上花時間製造負面狀態的人。在社交場合上，如果大家都在聊八卦或是講幹話，不是在談有營養的內容，我會選擇離開。**

我神智清醒地決定自己要超級謹慎，過濾我讓什麼訊息進入我的腦袋，這對我來說是強勢重掌自己的控制權。有人因此批判我，說我跟「真實」世界脫節的舉動其實是一種自私。但關閉時時刻刻不間斷的負面訊息，不代表我不在乎外界的事務。其實恰恰相反：如果我們處於負面狀態，便不會發揮全部的潛力，那我們絕對不會有能力改善世界上的問題。

在個人層面上也是如此，清理我的意識，決定防堵負面事物進入我的生活，這帶來了解放感，於是我更加快樂，收入扶搖直上，閒暇時間變多，可以去做更多令我滿足的事情。不僅如此，在我的孩子們年紀大一點之前，我不要讓她們接觸這個世界的恐怖萬狀。我希望她們沉浸在身為孩童的歡喜之中，愈久愈好。

與成功對頻

- 你對自己說與對別人說的話語，是指出你如何面對人生的清晰指標。
- 你得研究自己腦袋裡面的內心碎碎念，才能判斷你對人生的整體態度——美國心理學家馬汀・塞利格曼稱之為你的「闡述風格」。
- 要判斷你位於人生態度量尺的落點，有三個必須考量的層面：永久性、牽連性與個人化。
- 要覺知到你讓什麼訊息進入自己的空間：在你周遭的言語，會雕塑你自己的內在對話。
- 保持正向不代表你要呆呆傻傻或擁抱風險。正向只表示你尋求每一個成長的機會，從機緣的角度看待每一個挑戰。

「做就對了！」練習

把內心負面的碎碎念都轉正

我要讓你見識一下，你如何跟自己說話。拿一張紙，我要給你一項小小的任務。

請你想一個你不滿意的生活領域——也許是你的收入、身體健康或感情。不論那是什麼，將你不滿意的生活領域放進你的心靈之眼，然後要大聲說出：「這不夠好。」

現在我要你寫下這些文字「這表示我……」，然後完成造句。對你來說，你賺的錢太少、婚姻失敗或你讓自己過重，代表什麼意義？

例如：

- 「這表示我不中用。」
- 「這表示我是窩囊廢。」
- 「這表示我讓家人失望了。」
- 「這表示我是笨蛋。」
- 「這表示沒人會愛我。」

- 「這表示我是懶惰鬼。」
- 「這表示我是醜八怪。」

將浮現在腦海的想法都寫下來。

務必允許自己寫下所有浮上心頭的東西。這項功課的力量威猛無比，可以協助你辨識負面的自言自語，看出那些話有多傷人。允許自己好好感受你寫下來的語句。

現在看著你的清單，想像一個小朋友即將走上舞台，演出話劇裡的重要角色，但老師突然冒出來攔住他們的去路，將他們的表演方式批評得一無是處。小朋友聽到自己是失敗的廢物，怎麼還會開開心心，興奮自己即將上台？他們上台之後，有可能拿出最棒的表演嗎？當然不行，所以負面的自我談話蘊含高度的殺傷力，而你關於自身的那些狗屁信念也會更穩固，因為你與那些信念的負面連結增強了。

現在我要你切換開關，全盤改變你跟自己說的負面自我喊話，改成正面的肯定語。如果你一直說自己不夠聰明，不能創立公司，就翻轉成「我是一把罩的公司老闆，擁有我需要的一切聰明才智。」拿起你的手機，錄下每一句肯定語。我要你複誦這些正向肯定語七遍。然後每天早晚聆聽。

第9章

任何思想和行動都有業力

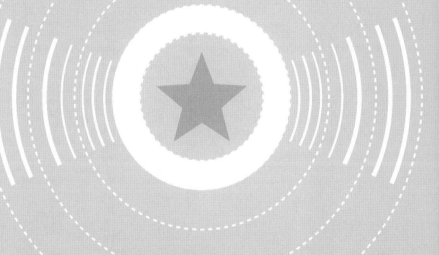

業力是由宇宙負責記錄與平衡，宇宙永誌不忘。慈愛的念頭、情感、言語及善行是存款，負面的是債務。

你大概聽說過，業力很難纏。業力確實可以很棘手，卻不是懲罰，不應該那樣看待。業力是強大的能量交換，讓我們得以持續學習。**每次我們思考、說話或行動，便是將能量釋出到世界上，隨後世界又將能量反射給我們。業力既是行動，也是行動的後果；業力是因也是果，因為每個行動都會產生一股能量，這股能量會以相同的方式重新回到我們身上。**簡單說，就是：「給予，就會被賜予。」

只相信業力，而沒有採取符合這個信念的行動，是沒有用的。就像相信飲食要健康，卻沒有改變你糟糕的飲食，也是沒用的。你應該要徹底理解業力，將這一份理解應用在生活上，找到內在的平靜與喜樂。當我在二〇一五年首度造訪洛杉磯，坦白說我很詫異那裡的遊民那麼多。每個街角都有人住。大家對遊民的態度，以及基於「他們拿了錢只會買毒品」的理由而不願施捨的行為，一直令我痛心。我由衷相信沒人會甘願在街頭討生活，我們應該要慈悲。

一天傍晚，我們路過一位躺在人行道上的男子，當時我三歲的女兒很難過，問我那個人為什麼沒有床鋪。我替她說明不是每個人都有家，然後她問我，可不可以把她的蘋果送給他。我說，當然可以，她的善意讓我的心暖暖的。她把蘋果放在男人的頭旁邊，臉上笑咪咪的，而我很感恩自己的孩子有惻隱之心。那天稍後，她問我們可不可再送一些蘋果給街友，我們高興地順從她的意思，協助她完成這項任務。

這個有意思的練習得到了各種反應。第一個她伸手指著的男人，擺出一個清晰的標語：「別給我錢，給我毒品。」我不認為他會要蘋果，反正我手邊沒有快克古柯鹼，我們便走向下一個人。他愉快地收下蘋果，謝謝我們的好心。我們繼續走，蕾拉指著一個坐在公車站的流浪漢。我走過去，說道：「嘿，你想不想吃蘋果？」他嫌惡地看著我，然後張開嘴巴，亮出他的牙齦：「我沒有牙齒。給我錢。」儘管他的禮貌顯然跟牙齒一起遺落了，我在錢包裡翻了翻，給他一張五鎊鈔票，就走開了。我默默祝福他，希望他會善用這一筆錢。

我現在規定自己，每次看到需要幫助的人，都要設法伸出援手。我要孩子們學會悲天憫人，我總是告訴她們，當她們做了好事，好事會返回她們身上。

在此奉上另一個業力的運作範例。有一回我坐在火車上，從大學回家。我挺著大孕肚，非常疲倦，只想鑽進被窩。查票員走向我，我告訴他，我到車站時已經快要發車，閘口的票務員就放我上車了，我得在車上補票。他拿了我的信用卡，一直說卡片刷不過。那個戶頭的餘額超過一萬鎊，所以我知道麻煩大了。他是那種絕不會通融的查票員，他告訴我，我得在下一站下車，找一台提款機，改搭下一班車。

「你是認真的嗎？」我大叫起來。

「對，如果你不能付錢，就得下車。」

我的心都涼了。我好累，而且如此一來，我便會錯過送孩子們上床的時間。我想要大聲咒罵他，或是發動淚水攻勢，就在那一刻，最美麗的事情發生了。我後方的女人遞來一張五鎊鈔票，我旁邊的女人掏出裝滿零錢的錢包，而我對面的男人拿出信用卡。他們都說可以出錢解決我的困境。我的心都要被他們的善意壓扁啦！我對他們所有人一再道謝，也感恩我的業力給了我十倍的報償。

你瞧，如果你在人世間的行動是出於愛，業力可以是你的好朋友。不管我們喜歡與否，我們生活裡的大小事，都是我們以前的選擇所帶來的後果。行善，就得到好的回饋；行惡，就得到壞的回饋。鄉親們，道理就這麼簡單。

業力是由宇宙負責記錄與平衡，而宇宙永誌不忘。慈愛的念頭、情感、言語與善行是存款。負面的則是債務。而業力總是保留收據。宇宙會在我們壓根兒沒想到的時候，跟我們結清帳目。當我們對業力無知無覺，我們會把業力稱為命運或運氣。你或許不會在那一週、那一年——也可能是足足十年後——得到你的業力回報，但業力一定會來。即使是惡業，也能教導我們非常重要的訓示，我們有責任接受宇宙智慧的安排，隨時精準到位地做出該做的事。惡業蘊含著我們必須學會的課題，如此才能償還那一筆宇宙債務。

往往，靈性覺醒是在吃盡苦頭之後發生的，我正是如此。或許你得賠上工作或金錢、失去某一位與你很親密的人、被你心愛的人背叛、面對已經坐大的癮頭，才能突破小我的狗屁。我小我的狗屁是害怕自己不夠好，而這引發了焦慮。我可以直截了當地告訴你，惡業帶給你的挑戰，只是要給你關注內心的機會。

做任何選擇前，先問兩件事

在人生的每一刻，我們都在無限可能性的場域裡，有無限個選擇供我們挑選，不同的選擇會有不同的結果。儘管我們具備掌控的力量，可以決定要做什麼選擇，但我們卻變成機器人，別人或事件會觸發我們耳濡目染養成的反射動作，行為一成不變。這是不自覺的作為。

我們就像巴夫洛夫的狗一樣回應刺激物，但因為我們的反應是全自動的，我們便忘了那是自己作的選擇。（俄羅斯生理學家伊凡．巴夫洛夫〔Ivan Pavlov〕的著名實驗，是證明如果你每次餵狗時都搖一支搖鈴，日後即使沒有食物在場，當你搖起搖鈴，狗照樣會流口水。人類其實差不多，我們遇到環境中的特定刺激物時，我們的反應都千篇一律，是可以預測的。）

要了解業力法則，將業力法則納為己用，發揮最大的效力，最佳辦法是清楚地覺知到自己在每時每刻做出的選擇。假如我說你是不折不扣的窩囊廢，你大概會選擇覺得被我冒犯，卻不明白這個反應是一個選擇。假如我告訴你，你是繼純素烤布蕾問世以來最美好的人，你大概會認為這是誇獎，覺得感激。無論如何，這也是一個選擇，即使那是自動出現的反應。

在本書的挖掘靈魂之旅上，其中一環是你必須堅決地開始見證自己的選擇。當你開始將無意識的選擇過程，帶進意識清明的層次，這一份覺知將讓你覺得自己在當家做主，突然有了掌控的感覺。

不管你要做任何選擇，先問自己兩件事。

第一，「**做這個選擇會有什麼後果？**」

如果你花一點時間問自己，你會立刻知道後果是什麼。宇宙以一個非常強大的機制，來協助你自然而然做出正確的選擇。這通常稱為直覺，我覺得這是我們人類最棒的超能力之一。（第十章再進一步說明。）

這種超能力與身體的感覺有關。你的身體有兩種感覺：一種是舒服感；另一種是不舒服的感覺，通常出現在內心。對，就是無人不知無人不曉鼎鼎大名的內心的感覺，只是有些人的疑心病太重，不予遵循。對有些人來說，舒服或不舒服的感覺是出現在太陽神經叢，但大部分人是在心臟的區域。刻意將你的注意力帶到心臟，問它要怎麼做，然後等待回應——那是以身體感覺的形式來呈現的實質回應。那種感覺或許非常微弱，卻實際存在。

第二個要問自己的問題是：「**我現在做的選擇，會讓我與我身邊的人幸福嗎？**」如果答案是會，就執行你的選擇。但如果那個選擇會使你或你身邊的人痛苦，就不要執行。很簡單吧。在隨時都有的無限選擇之中，只有一個會為你及你周遭的人帶來幸福。當你做出正確的選擇，不論在任何情況下，你都會得到適當的回應。你的行為照拂了你以及你的行動所影響的每一個人。

行動背後的動機比行動本身重要

那要如何啟動善業？你要保持正向，自尊自重，這表示為自己的行動負起責任，並且尊重別人的行動。你也要願意修正你的錯誤、願意寬恕、分享知識、慈悲。最後，對於一項行動帶來的結果，**行動背後的動機會比行動本身更重要**。

兩個人或許會做一樣的事，卻抱著不同的初衷。一個人創立一間營利事業，純粹是為了滿足顧客的一項需求，而另一個人販售產品，圖的只是金錢與貪婪。只有第一個人會有好結果。你愈能夠清楚地覺知到自己做的選擇，愈能夠隨時做出正確的選擇——一個對你、對你身邊的人都正確的選擇。

宇宙萬物的運作一律是透過交換進行的，你可以憑著這項知識，創造出你要的事物。每一段關係都是施與受的關係，因為施與受是能量在宇宙中流動的不同面向。以currency（金流）一詞為例，我們用這個詞來描述金錢。如果查一下這個字的語源，便會發現是一個意指「跑」或「流動」的拉丁詞。金錢是一個象徵物，代表我們付出的生命能量，以及我們在為別人效勞之後收到的生命能量。循環不息的流動讓生命能量活蹦亂跳，如果我們阻斷生命能量的流動，生命便會停滯不前。所以……

- 想得到讚賞，就學會讚賞別人。
- 想要更多金錢，就協助別人賺取更多金錢。
- 想要愛，就學習付出愛。
- 想要得到豐盛的恩賜，學會默默祝福每個人得到豐盛。

你愈施捨，收回來的就愈多，因為宇宙永遠會回報你的付出。當你願意送出自己追求的事物，便能維持宇宙在你的生活裡循環流轉的豐盛。最棒的是，即使是一個念頭或是簡單的施捨祈禱，都有轉化的力量。這可以讓你的心態從貧乏提升為豐盛。

在繁忙的世界裡，我們滿腦子都是「我、我、我」，抽出時間分贈禮物給你遇到的每個人，聽起來或許強人所難，但這是體驗宇宙如何運作的最佳方式。

或許你會想：「我自己都不夠用了，要怎麼施捨給別人？」暫且別跟我大聲抗議，我不是要你去你家那邊的咖啡館時，也買咖啡招待一起排隊的陌生人。禮物不必是物質的事物。

一句讚美不花半毛錢，卻可以讓一個人心花怒放一整天。將你的心帶回來，瞧瞧生活裡的美好事物，你不曾開口要求，便已得到那麼多的美好事物了。這都是宇宙在幕後勤奮工作之賜。

用獨一無二的天賦為世界效勞

假設你以前做了不光彩的事，擔心未來不曉得會發生什麼慘況。嘿，我要告訴你，有幾個跟宇宙結清帳目的方法。第一個選擇是承受業債帶來的痛苦，從痛苦裡學到教訓，藉此抵消業債。沒錯，認命吧，朋友。或者第二個選擇（這個大概比較有吸引力）是用你的「法」（dharma）償還。你有獨一無二的天賦，可以拿來為世界效勞，你有責任在這個世界宣揚你的法。這是你的法。業力是達成終級目標的所作所為（讓你達成目標的所有選擇），法是你的人生使命——這是終極目標。這樣可以理解嗎？這兩個概念或力量，密不可分地交織在一起。第十章會進一步討論你的使命。

不放任內在小孩主導大局

姑且用一位客戶的故事，讓你瞧瞧理解自己的選擇從何而來，效益何等宏大。

被內在小孩和往事引爆的情緒

漢娜跟人撕破臉了，對方指責她做了某件事，但漢娜是無辜的。漢娜立刻就氣呼呼地反駁對方，感到沮喪而傷心。這件事讓她在精神上無力了好幾天，她想不通這個人對她的殺傷力怎麼那麼強，她們根本不熟。

我們對談時，我問她為什麼選擇這樣的感受。我知道是某個深層的信念勾起她的心情，我請漢娜回顧童年，問她是否曾經被冤枉做了某件事，然後出現相同的情緒。她幾乎瞬間憶起一樁往事的鮮明細節，她六歲時遭到校長斥責，結果她為了一件沒有做的事被懲罰一週。她對目前狀況的強烈情緒，是被內在小孩跟往事引爆的。

當漢娜覺察自己在演哪一齣，便可以選擇是讓內在小孩主導大局，採取她日後會反悔的行動，或是保持覺知，選擇以成人的方式回應這件事。我協助她做選擇，看是要請她的靈魂出馬，像騎兵一樣掃蕩狗屁倒灶，還是讓她的小我大吵大鬧。有時候，情緒的反應太過激烈，讓自己覺得情緒不受你控制，你反而落得輕鬆，但我得告訴你，你不是沒有選擇，而這個選擇會影響結果。

漢娜選擇在心裡原諒那個冤枉她的人，決定不再參與鬧劇，給予內在小孩應得的關愛。漢娜告訴我，她的心情立刻輕鬆了一些。短短幾天後，錯怪漢娜的女人向她道歉，詢問漢娜她們是否可以不計前嫌。

當我們改變自己的能量，能夠認清自己的選擇，不再以自動駕駛模式生活，停止放任自己的心情或內在小孩主導大局，我們便當家做主了。要在靈性方面成長，我們必須先覺知到自己的思緒。我們只能掌控自己、自己的思緒與自己的感受。除非我們允許別人引發某一種感覺，否則誰都不能逼迫你出現特定的情緒。當我們改變自己的內在本質，我們的心、心智與周遭的一切也會隨之改變。

活出最盛大版本的自己

一向以來，我都覺得螃蟹是疑心病很嚴重的生物，終其一生都橫著走路。從前我並不知道當螃蟹長大了，殼變得太小，就會褪殼再長出新的。我聽說以下這個精采的故事，主角是一隻名叫夾斯伯的螃蟹。

待在「安全」的小窩，還是看看世界有多大？

一天，夾斯伯的殼脫落了，其他的螃蟹都告訴牠，牠會開始聽到內心的話語，告誡牠不要理會那些聲音，靜待新殼長出來就好。牠們叫夾斯伯別亂跑。夾斯伯很好奇，不顧親友的耳提面命，大著膽子從牠的岩石後面出來。

牠出門後，遇到了生平僅見最巨大的螃蟹。牠問巨無霸螃蟹要怎麼長到那麼碩大。巨無霸螃蟹說，如果牠肯捨棄自己知道的渺小生活，學習去成長，牠也會變大隻。巨無霸螃蟹解釋道，螃蟹可以長到什麼尺寸，純粹是看牠生活的世界有多大，以及牠的心有多開闊。如果夾斯伯想要成為最大的螃蟹，就得擴展牠的視野。夾斯伯面臨一個重大的選擇：返回岩石旁的「安全」小窩，還是進入最盛大版本的自己。

故事的寓意，當然是如果我們人類要活出最盛大版本的自己，就得做出選擇，我們不是守著熟悉的事物，就是放下過去的自己，連同我們的狗屁想法跟狹隘思維一併丟棄，去拓展我們的眼界。夾斯伯不再只求溫飽；牠想要掙脫束縛，瞧瞧生命實際上可以給牠什麼。牠學會了自己具備選擇的能力，不要用自動駕駛模式來討生活，踏上其餘螃蟹的後塵。

生命反映出我們周遭的一切，而我們周遭的一切反映出生命。這是普世的真理，適用於人生裡的一切事物。我們必須學會承擔責任，為自己及自己的境遇負責。事無好壞——好壞只是我們賦予一件事情的標籤。我們遇到的每件事之所以發生，都是為了幫助我們，我們必須負起責任，才能成長。你怎麼走到這一步都無所謂，只要記住你可以藉著這個機會清理自己，與自己最深層的目標恢復連結。

與成功對頻

- 業力不是壞事或懲罰，正面與負面的選擇都會產生業力。
- 要了解業力法則，將業力法則納為己用，發揮最大的效力，最佳辦法是清楚地覺知到自己在每時每刻做出的選擇。
- 身體有兩種感覺：舒服與不舒服（位於心裡的感覺）。
- 啟動善業的第一步，是在做出任何選擇時都秉持善念。你付出的愈多，就會得到愈多。
- 效法螃蟹，要知道為了個人的成長，你的成長幅度可能會超越你身邊的人。

「做就對了！」練習

二十四小時內，做出隨機的善意舉動

啟動善業，最簡單的方法是無私為別人付出，我最愛的一招是「隨機的善意舉動」。

在二十四小時內，看看有多少次你多盡了一份心力，付出額外的善意舉動。隨機的善意舉動可以只是在超市結帳櫃台排隊時，在心裡祝福排在你前面的人。你可以默默祝福他們以採買回去的食材，好好吃上一頓。也可以是為街友買杯咖啡。也可以是打通電話給朋友，看他們是否需要人幫個忙。怎麼做都無所謂。但重點是在二十四小時裡，你要清清楚楚地關注別人，看看能用什麼方式付出。

善待別人的時候，我們跟別人的身體其實都會出現正面的化學變化。在每個人滿腦子只有我、我、我的這個世界，瞧瞧你替別人著想的舉動，可以讓多少人展露笑顏。先警告你一聲，這很容易上癮唷！

善待別人很容易，只管做就對了！我也希望你以 #jfdibekind 的標籤，在社群媒體上分享你做了什麼，讓我們更清楚地意識到，我們可以如何改善身邊的人的生活（即使只是在小地方）。

第 10 章

善用內在的導航系統——直覺

祈禱是對宇宙說話；直覺是宇宙對你說話。

你具備連自己都八成一無所知的超能力，這些能力可以引導你活出最波瀾壯闊的生命。我已經談論了運用你的思想進行顯化的能力，但另一種超能力常常被視為理所當然，極度使用不足，也就是你的直覺。

你的直覺是天生自然的天賦，是內在的衛星導航系統，有各種名稱，包括預感、靈感、點子、本能、第六感、心裡的感覺等等。「intuition」（直覺）一字來自拉丁文的 intueri（查看），在英文中，原本是指靈性的省思，因此意思大致是「向內發掘答案」。直覺在生活經驗的正常範疇之外運作，無法被看見、聽見、聞到、嚐到，其用途卻是引導你輕鬆而不費力地前進，抵達你持續想像著的人生。

直覺是最最高階、最最優秀、最最狠角色的自我與你溝通的工具，如果你拉長耳朵，就會聽到直覺以慈愛的口吻呢喃著……「做就對了！」直覺連結著宇宙電腦——純粹潛力的場域、純粹的知識、無限的組織能力——而且凡事都納入考量。有時，直覺乍看之下很不合邏輯，但你的直覺所具備的計算能力，遠遠比在理性思維限制下的任何事物都更精準、更到位。直覺是毋需多說的靈性能力，它只是分毫不差地知道你得怎麼做，才能將你夢想中的生活化為現實，樂於在這一路上引導你的每一步。

信任直覺，就是與成功對頻

直覺其實就像宇宙打給你的電話，或是你的靈魂在對你說話。一旦你與直覺對頻，你的動力泉源就是來自宇宙智慧，這可是世界上最強的能量源頭：基本上你會變成是「靈（魂）力發電」！

你的靈魂知道你要什麼，將你的最大利益放在心上，而且總是正確得要命。當你膽顫心驚，不敢涉足更盛大的生命時，靈魂會想要牽起你的手，要你秉持信心，躍入未知，而靈魂正是你的一部分。靈魂透過預感跟你溝通，鼓勵你朝著某個方向前進。靈魂可以在局勢動盪不安指引你安全的路，在充滿未知的時刻鼓勵你把握新的機會，還可以帶領你超越以另外五感體驗到的世界。儘管直覺人人有，學習信任直覺的過程卻是另一回事。

你是否曾在某個時刻，覺得某件事情似乎不太對勁，讓你毛毛的？或許你莫明其妙地，在某個人身邊就是覺得不舒服？如果你有過這樣的經驗，你是否不理會那樣的感覺，斥為虛妄的無稽之談？還是完全相反的狀況：你無論如何一定得做點什麼的感覺大爆發，最後證明那是你最明智的決定，你卻說不上來自己為何真的那樣做。大概每個人都經歷過這樣的時刻，無意識的思路驅策我們去做某些事情，也沒跟我們交代原因或告訴我們怎麼做。

問題是，太久以來，惱人的小我都吵吵鬧鬧，蓋過靈魂的低語。小我很聒噪，就像不曾長大的兩歲小朋友，會不顧一切地跺著腳、揮拳捶打，直到你讓步。小我要你時時刻刻都關注外在的世界，然而想要汲取全部的潛力、聆聽來自靈魂的指引，祕訣卻是學會如何將你的目光轉向內在。你得忽略小我的瘋狂聲音。

我們人類的特質就是常常會聆聽全部的噪音。這個世界喧嚷不休，你得全副武裝，出動巨大的抗噪耳機，才能進行連結靈魂的內在工作。有心智的噪音，有身邊那些人的噪音，有文化的噪音，有自己良心的噪音，有各種期許的噪音。沒有多少人會真的暫停一下，放下忙碌的生活、爆滿的電郵收件匣、滑閱的動態消息，只是靜靜坐著，平息嘈雜刺耳的雜訊干擾，讓靈魂為我們指路。

我們得給靈魂做事的空間。靈魂不會一直跟小我搶鋒頭。你得准許靈魂站上舞台中央，讓靈魂在你心裡跳舞。你得學習無視外在世界的成敗，下定決心要對自己的旅程全神貫注，保持健康的著迷。

即使小我此刻的力量比較大，我們絕對會在這一章翻轉局面。當你喚醒靈魂，便是汲取蟄伏在你內在的純粹潛力。當你沉迷於自己的個人成長，只跟自己做比較，不拿別人的成功來衡自己的個人成長，便可以開始顯化你做夢都想不到的超狂事物。

如何取用你的直覺？

幾年前，我驅車前往一個活動，一邊聆聽伊莉莎白．吉兒伯特（Elizabeth Gilbert）的《創造力》（*Big Magic*）。如果你還沒讀過或聽過這本書，務必找來一窺究竟。這會像是讓靈魂吸食強效版的獨角獸快克。（聲明一下，吸食獨角獸快克是合法的嗨。）

在《創造力》中，依莉莎白談論恐懼如何阻礙她寫出第一本書，以及後來她如何克服恐懼，成為暢銷作者。我一邊駕駛，一邊覺得一股不可思議的電力開始流竄過身體的每一部分。我身體上的每一根汗毛都豎立起來，我的血液彷彿在微微刺痛。一股澎湃的感覺與了然於心湧現出來，我知道自己應該寫書，而且會把書寫出來。靈魂就是如此不可思議：它可以運用千奇百怪的方式與你溝通——給你靈感、點子，或是我個人最愛的「神疙瘩」，也就是俗稱的雞皮疙瘩。

但你猜我怎麼做？……我置之不理好一陣子。

「別鬧了——你算哪根蔥！」我的小我低語著。

直到一年後，我被要求要老老實實，直言無隱地抖出我想把生命用在什麼事情上，以及我要如何在這個世界上發揮更大的力量。於是，我以粗肥的字體寫下「寫書」。我只知道這是自己非做不可的事，時候到了，該把我怯憐憐的膽子，餵養成雄壯威武的膽子啦！

好，重點來了：敲定寫書合約是出了名的困難，況且在我的世界裡，我是無名小卒。我只是一個夢想遠大的女生。但我很清楚這是我想做的事，也是我能搞定的事。那溫暖舒適的「了然於心」小被被是哪來的？就是靈魂給的喔。我允許靈魂大放光明。我像信任母親一樣信任靈魂，我認真聆聽靈魂的聲音。

隨後發生的一連串事件，簡直是奇蹟。當你開始聽從靈魂的諄諄善誘，便會開始從四面八方看見線索，察覺自己被牽引著，走向你內心的嚮往。我承認了自己想要寫書並且出版，在我擬訂相關的計畫時，我全然相信這會成真——因為靈魂絕不會欺騙你。在我心生疑慮時，在我被回絕時，我會請宇宙來個暗號，而暗號必然會出現——所以我信心十足，相信這本書會顯化成真，儘管我的勝算不大，卻有兩家出版社給了我合作的提案。

當我回顧那一年，以及我如何走到這一步，我只能笑得合不攏嘴。一切都合情合理：每一次的碰壁都發揮了重要的作用，引導我前進，終至得到一份我知道可以允許我在這個世界上完成大事的書約，將我心裡至關重要的訊息傳達給大家知道——也就是只要我們做出抉擇，誰都有翻轉人生的能力，而要改變生命，一個重要的環節是學習選擇自己要做怎樣的人，重新設定我們的心智，聽從我們較高階的自我——也就是我們的靈魂。

好，那我如何讓小我安靜下來，讓路給直覺，進而學會信任直覺？辦法很簡單，簡單到你幾乎會怨恨我的地步。儘管如此，不肯做的人照樣一大堆。

刻意練習獨處

冥想有助於平息小我的雜訊。**獨處與靜默真的是培養直覺的絕妙機會，即使一天只花五分鐘也好**。這段安靜的時間是心智大掃除的機會，挪出讓靈魂跟你溝通的空間。

如果你不曾刻意練習獨處，獨處可能會讓你有一點點煩躁。獨處時，你面對的是赤裸裸的自己——你自己的每一部分。有時，出乎意料的情緒會從你的內在核心湧出來。別擔心——這是認識自己的必經之路，你將會更清楚地辨識出自己的直覺。

獨處的妙處在於你的身邊沒有人在，就沒人會說你應該做些什麼，或是你應該做怎樣的人。你只與自己同在，可以行使自己的決策力量。儘管你得沉住氣、還要練習，才能讓心智安靜下來，但這也會給人不可思議的解脫。

花時間肯定眼前的一切

我們最自然的狀態是喜悅與愛。處於這種狀態時，與直覺的連結最通暢，你會更能夠感覺到直覺在與你溝通。我們荒謬的人類大部分完全察覺不到這樣的「自然狀態」，因為我們太忙著可憐自己——或許是外面有點陰雨，或許是在大塞車，或許是老闆太腦殘。我們困在這堆烏煙瘴氣裡面，沒有吸納生命實際上給我們的純粹美好。

如果我們花時間肯定眼前的一切，我們會衝上屋頂大叫「萬歲！」這種全然感恩的感覺是我們的自然狀態。其實，要接通我們的自然狀態，作法簡單得難以置信，然而正是因為易如反掌，我們身為複雜的人類，實在信不過。

靠記錄學會信任直覺

關於直覺這檔事，問題在於大半時候，心智與小我會努力推翻直覺。它們會企圖說服我們不要聽直覺的話。邏輯推理、實事求是、現實主義會冒出來，關閉看來是由靈魂提供的「神祕」指引。

學會信任直覺很難。就像那個向後倒的遊戲，你要向後倒，並希望你背後的人不會忘記接住你。有時你的直覺會叫你投入某件感覺上不可能的事，或是前往似乎到不了的地方，或是去做某件真的把你嚇到魂不附體的事。但當你開始見到情況的轉變，你會培養出信心，在你被過度制約的心智亂象中，信任起你的直覺。

假設你在尋覓真命天子或天女。你跟符合你全部條件的對象交往。這個人很風趣，有魅力，待人和善，假如以後要跟他長相廝守，未來的婆婆似乎不是會讓你抓狂的人。這些看起來都很好，可是你的心裡老是覺得這個人不適合。那是你的直覺。也許你會跟這個人交往一年（沒什麼不對），但在交往期間，用日記本記錄你經歷到的直覺會很有幫助，寫下你如何處置那個直覺，與後來的結果。

假如你後來發現對方是連續殺人魔，或是對方養成了愛舔你腳趾的惱人嗜好，只要記錄下來，並感謝直覺預先通知了你（儘管你置之不理一陣子）。如此一來，下一回你就學到教訓，長遠而言可以省下你一年的生命。我有個朋友一直邂逅乍看相當優秀的男士，奇怪的是每一回她心裡都會「警鈴大作」。但是她沒有因此而不吞下誘餌，結果她承受了多年的心碎之苦。

憑著直覺行動，從小事做起

遲早，你會想要將直覺付諸行動——不像我親愛的朋友忍受了十年的偽真命天子。你已經下意識地將直覺落實在小事情上（你餓了就進食，累了就睡），但對於重大的直覺，你可能會需要一點信心才能踏出腳步，憑著預感採取行動。

從小事做起。如果你在一家新開幕的餐廳，正在看菜單，就選擇第一道聽起來似乎很美味的餐點。如果你在公園跑步，覺得自己能再多跑一圈，就跑吧！這是在訓練你的身、心、靈信任自然升起的感覺。當你愈來愈安然自在地信任直覺，便可以開始將直覺，視為重大決策的預告，諸如：

- 轉換職業跑道
- 建立家庭或生兒育女
- 投入課程或找個師父
- 告別有害的感情關係

- 修復破裂的感情關係……

但是要知道，儘管你按照直覺去行動，恐懼依然會亮出駭人的臉龐來嚇你。當你去做重大的事情，進行新的嘗試，恐懼會一直在那裡，但是當恐懼冒出來，想要阻止你做大事，就退後一步，見證自己的恐懼，以口語宣告你選擇不聽從恐懼的指揮。

建立「無所事事」的空檔

要實現你的人生目的，最簡單的方法是追隨令你神采飛揚的事物。想一想什麼會令你興奮，令你覺得自己活著、精神警醒。書？食物？旅行？助人？藝術創作？喜悅所在之處，就是你的人生目的所在之處。找到令你滿心喜悅的事物，人生目的就會找上你！你的靈魂透過情緒來發聲，所以要傾聽你的情緒。

不要害怕向內看，詢問你的直覺：我的人生目的是什麼？我要如何為這個世界貢獻一己之力？我可以如何服務世人？你的內在智慧（靈魂）會為你指點迷津；你只要好好聆聽，注意風吹草動。一旦你提出問題，對準宇宙電台的頻率，便會開始看到線索，但你得信任你的感覺。宇宙會用我稱為「神聖下載」的創意或點子，牽引你踏上正確的方向。這其實就像從宇宙直接下載你需要的正確資訊。這些點子會引導你，帶你去該去的地方，或是協助你發掘自己具備什麼獨一無二的才華與技能，讓你明白要如何發揮一己之長，為世界效勞。有時候，我們舉世無雙的才華，不會讓我們發大財，卻可以讓我們快樂無比，心滿意足到極點。

你也要樂於放下過去的自己，才能搖身變成你有潛力成為的人。你的人生愈是塞滿了對你不再有益的人、事、物，宇宙愈是沒有出面的空間，不能送來那些對你的人生目的有實際效益的事物。如果你忙著維繫不能令你快樂的生活，就要騰出時間，暫且放下那些例行公事是必要的。每一天都有覺知地做出選擇，放下不必要的事物，好讓你的人生可以敞開來接收與充電，漸漸貼近你真正的人生目的。因此，平息雜訊、練習冥想是不可或缺的。

在生活中挪出「空白的餘裕」是另一項重要的要件，也是我們都覺得吃力的事。**「無所事事」可以滋養靈魂（注意：上Netflix追劇不算無所事事！）**。「無所事事」的品質很重要。要在日常生活中慢慢建立「無所事事」的空檔、邀請更多「本然存在」進入人生，上上策之一便是親近大自然。你可以藉著這個大好機會，與自然週期、宇宙能量對頻，允許自己連結你本然存在的狀態。畢竟，我們是身為人類（human beings），不是做人類（human doings）。

留意快樂的巧合

假如你懷疑自己的直覺，你總是可以拜託宇宙給你一個暗號。暗號有兩種：一種是你要求的，一種是共時性事件。共時性事件又稱「快樂的巧合」，就是宇宙發來暗號，讓你知道自己走對路了——與你的目標一致的那條路。我們向來都會被牽引到下一步——只要遵循那些引導的燈光，便能確認自己的方向正確。

我要分享自己生第三胎的故事。先交代一下，我明白當我需要一個暗號，宇宙一定會照辦。在那一年，我的暗號是蝴蝶。如果我需要宇宙讓我對某件事情寬心，便會請求宇宙發個暗號，暗號便會出現，但要注意一件事：暗號的模樣可能不會完全符合你的想像。

懷孕三十七週時，我在廚房走來走去，覺得我的假性宮縮實在太凶猛了。我一向就有假性宮縮的毛病，我懷第二胎的時候，有一次假性宮縮的頻率太緊密，醫生還斷定我已經進入臨產狀態，所以生第三胎時我並不是太心驚。但我心裡有個小聲音在說：「時候到了——你要卸貨嘍！」

我開玩笑地跟老公說，我得百分之百確定才行，因為他的父母要去喝喜酒，萬一我們需要請他們幫忙帶小孩，他們卻醉醺醺就慘了。所以，我在廚房大聲說：「宇宙，顯靈吧！如果我今天晚上就要分娩，讓我看見一隻蝴蝶。」

隨後，我將做好的沙拉端到餐桌，我老公跟孩子們都迫不及待地等著晚餐上桌。我分發沙拉的時候，一小片紅洋蔥（看起來是紫色）從碗裡飛出來。我過去要拾起洋蔥放回去，這時我的三歲女兒大叫起來：「媽咪，不要拿走我的蝴蝶！」

我以前就學到教訓，暗號未必會符合字面，再說我曉得宇宙真的很愛現。我手臂的汗毛豎起來，這是靈魂在跟我溝通，於是我望著老公：「見鬼了！」我說：「我要生了！」

晚餐開動五分鐘後，我起身去客廳，彷彿就像精心策劃好的一般，我覺得啵的一下，羊水就流到客廳地板中央。「哇靠！老天真的在罩我。」

那一夜，我迎接三女兒來到這個世界，生產過程完全吻合我的要求。我要在家裡卸貨。我要在晚上分娩，孩子們才會在床上睡覺。我要婆婆在場。我要平靜快速地搞定。全部實現。我請求宇宙打個暗號，暗號也真的來了。

有時暗號會以其他的形式呈現。也許是某個一再出現的數字，或是反覆出現的動物（對，確實有靈性動物這種東西）。如果你豎起耳朵，張大眼睛，你會察覺到宇宙總是在跟你溝通。

與成功對頻

- 宇宙透過直覺，對你的靈魂說話。
- 你得平息小我的聲音，才聽得見靈魂在說什麼。
- 你得練習信任，才能信任。
- 將「空白的餘裕」排進你的每日行程，以便連結靈魂，回歸到靈魂的懷抱。
- 只要你請求，宇宙總會找到跟你溝通的法子。

「做就對了！」練習

記錄你的直覺體驗

撰寫直覺日記，用手機做筆記也行。記錄你每天、每週裡類似的直覺感受與體驗。提出問題來測試你的直覺，瞧瞧不同的選項感覺如何，以及你蹦出了什麼點子。

一、兩個月後，回顧你的直覺體驗，留意是否有任何模式。你會更了解自己，明白直覺會以什麼方式，出現在你的日常生活中。在這個過程裡，免不了會冒出令你分神的事物，但直覺會帶來別處沒有的洞見，值得你培養。

第 11 章

感恩當下擁有的一切

感恩是對準宇宙電台最快的方法，讓療癒得以發生，奇蹟得以降臨，願望得以顯化。

我們已經一起完成一些重要的功課，希望你對於自我、對於可能性，都有煥然一新的認識。我希望你花一點時間，慶祝你在此地、在此刻的事實。我要你感恩自己把握了這個成長的機會。

在思索我自己的個人成長旅程時，我意識到一切皆來自我的母親。她加入一家網路行銷公司，突然開始在牆壁上張貼目標規劃表，買書一買就是十幾本，走到哪裡都是一副出奇陽光的態度，而且一直跟我們推銷蘆薈產品。坦白說，我們以為她加入了邪教，因為她每週都要去開會，還賣力地招募不疑有他的家族成員，跟她一起去公司。但是她似乎真的快樂似神仙，即使我們認為她被洗腦，她照樣暢談宇宙與能量。這一切顯然在下意識的層次打動了我。

一回，我到位於薩里（Surrey）的娘家探望母親，臨走時我到母親的書架前，從可觀的自我成長書籍旁邊，拿起吉姆・羅恩（Jim Rohn）在一九九四年出版的一盒ＣＤ套組，以便在驅車返回約克夏（Yorkshire）的三小時車程中，有東西可以聆聽。這揭開了我嶄新章節的序幕：網路行銷救了我一命，更棒的是我始終不必推銷蘆薈產品！這一套有聲書指引我，讓我了解人生遠遠比自己相信的更美好。對此，我永遠感恩。

如何讓感恩之情每天大噴發？

感恩是人人都做得到的事，不花我們一毛錢，易於執行，也只需少少的時間。這一章要讓你明白，要提升個人的能量，將你要的事物吸引到你的生命中，感恩是最強大的方法之一。感恩是對準宇宙電台最快的方法，讓療癒得以發生，奇蹟得以降臨，願望得以顯化。

真相是我們都可以更加感恩。我們都飽受「然後呢？」症候群的折磨，忘了實際停下來，為眼前的事物感恩。其實，這是小我最愛的遊戲之一──「你要的事物仍不屬於你」遊戲。事實上，小我讓你相信自己要有車、有房、要升遷、要有錢，之後才可以快樂或感恩。

現在，我要用水柱沖散小我的示威遊行。我要告訴你，如果你狂熱地感恩自己此刻擁有的事物，那麼要讓所有你渴望的事物來到你身邊，會簡單一百倍。感恩的頻率是愛的頻率，而宇宙是浪漫到無可救藥的傢伙。在我們目前的世界，感恩是極度不足的，我們沉迷於前進，不撥出時間，享受我們目前的處境與我們此刻擁有的事物。

那我們要如何每天都感恩之情大噴發？這個嘛，去拿紙，把你擁有的美好到沒天理的事物都寫下來。要深度挖掘。暫且忘掉物質的事物，想一想你實際上擁有的事物。既然你在閱讀這本書，那我猜你活著，而且會呼吸。你有多常抽出一時半刻，感恩自己真的可以呼吸？

你的第一項功課來了，就是深深吸一口氣，吸到確實填滿肺部的每個角落。現在就做。現在呼氣，說：「好感恩啊！」這項功課要天天做。

如果你在閱讀這本書，用一點點時間為眼睛感恩。如果你在聆聽這本書，就為了耳朵感恩。我想叫你舔一下這本書，以便為你的味覺感恩，但那大概太誇張了！

重點是我們確實領受了這些不可思議的禮物——這些禮物，每每被我們視為理所當然。你有多常抽出一點時間，感恩你的餐盤上有食物，感恩你每天都有可以飲用與洗澡的清水，感恩出現在你生活裡的人？我甚至開始為帳單感恩。在這個世界上，有的人願意不惜一切代價來收到水費帳單——只求有一個機會，不必步行二十四公里去提一桶非常不衛生的水回家。當我切換到感恩的心境，慶幸我的家境允許我擁有這些奢侈品，我的觀點便出現劇烈的轉變。

我不要你陷入悲傷絕望。我要你開始去意識到自己的眼前就有無比的豐盛，因為當你這麼做，便可以創造出更多你要的事物。靈性作家艾克哈特．托勒（Eckhart Tolle）主張我們要全然活在當下，以純粹的喜悅讚賞每一刻，我們只有此時此刻，我們此時此刻擁有什麼，便是我們現在擁有的一切。

我們來講真的：你有多常跟伴侶、孩子、父母、朋友說，你很感恩有他們在？毫不羞赧地肯定對方，對滋養關係的效果是最好的。當我詢問一部分的個案，他們上一次向伴侶說出自己的感恩是幾時，結果相當嚇人。答案往往是：「我記不起來。」他們或許會埋怨伴侶不肯定他們的存在，或是把他們視為理所當然，卻沒有注意到自己對待伴侶的方式，並不是伴侶想要的。感恩是雙向道！

落實感恩，無論順遂或不順

我總是交代個案要執行一個月的感恩行動。我會請個案寫下三十件感恩伴侶的事。開頭的十件很簡單；中間十件要花一點時間；最後十件就得絞盡腦汁了。一一將這些事項寫在黃色的便利貼上面，一張寫一件事，持續一個月，每天將一張放在你的伴侶會注意到的地方：鏡子上、枕頭上、書桌上。不求回報，看著魔法降臨。

除了為每一項你擁有的美好事物實踐感恩，務必訓練自己在生活給你一記鎖喉拋摔時，也要實踐感恩。對，你沒聽錯——你**不僅要在一帆風順時感恩，在諸事不順時也要感恩**。因為心懷感恩可以提升你的能量，讓你更能理解「這個狀況，一定是為了更大的益處才發生的」。當你覺得處境艱難、有挑戰性，乃至覺得天要塌了，反覆誦念：「我很感恩、我很感恩、我很感恩。」恐懼與焦慮不能跟感恩並存。

還有，在展開新的一天時，宣告你很感恩自己擁有美妙無比的一天，會讓你有好的開始。我稱之為「醃漬你的一天」。就像我會醃漬食物，我喜歡醃漬我的一天。我喜歡用特製的感恩醬料浸泡我的一天，確保這一天的味道完全符合我的喜好。當你向宇宙宣告你的一天要呈現什麼樣貌，宇宙便會替你鋪路，讓你的一天完全符合你的心意。

而加進「今天發生了很棒的事，好感恩喔！」這一句特製的宣告，你的振動便從想要某件事物，切換為聲明那已經是事實了。如果看一下措辭，就會注意到這句話在宣告你的感恩時，是講得活像好事已經發生。當你這樣子宣告你的感恩，你的聲明背後便會有一股特別的力量在說：「事情已經成了。」改寫一下歌手史提夫．汪達（Stevie Wonder）的歌詞：「簽名、封緘、送件、這是你的了。」這股力量就是跟宇宙說話的能量。這股能量**是信心**。

放下對結果的執著

我們把時間拉回二〇〇七年的秋天。我在牙買加的海灘上，走向一間小小的棚屋，一想到要去水肺潛水就有一點點屁滾尿流。棚屋裡的男人向我及我當時的男友打招呼，說他有時間帶我們出海。下一分鐘，我們就被帶去一艘小船，那船連停放在沙灘上看起來都不安全，更何況是下水。我魂都要飛了，轉頭望著男友，恨不得我們選擇的是在安全有保障的沙灘酒吧，用蘭姆黛綺莉雞尾酒淹死我們自己。

我惹上什麼麻煩了？

等我回過神來，我們已經上了船，跟那位牙買加老兄在一起，至今我依然相信，他嗨到最高點。顯然他要教我們潛水。當時我還沒想到，我們沒有簽署任何安全文件，也沒有得到任何訓練。下一分鐘，我們人就在大海上啦！

我不曾如此驚駭。但是教練超級放鬆。他不斷操著濃厚的牙買加口音說：「安啦，小姐！」他一邊以快到令人心驚的速度示範我們應該怎麼做，一邊將水肺裝備配戴到我身上。但我無法放鬆。我以為自己死定了。我會潛進加勒比海，一去不回。我做好赴死的心理準備，他將一條繩子放進海裡，指著我，示意我下去海床。

「安啦，小姐！」

我們的教練一定把這句話講了千千萬萬遍了，但我的心臟依然跳得超用力，對於「用鼻子呼吸」這句廢話的意思，腦袋幾乎完全無法理解。

好消息呢，當然是我還活著，才能說出這個故事。壞消息是我真的差一點點賠上小命，因為我跟一隻魟魚狹路相逢，我的焦慮引發了急促的呼吸，氧氣瓶的氧氣量幾乎降到零。我只看到男友拚命揮舞手臂，示意我冷靜下來，而我滿腦子只想揍他，怪他沒事提議我們進行這麼荒唐的冒險。不消說，從此我不曾嘗試水肺潛水，那一段感情也沒能撐下去。

那麼，這個恐怖萬分、差點害死我的水肺潛水經驗，與顯化或成功有什麼關係？嗯，你得學會「安啦，小姐」，還要對結果抱持信心。要在物質世界得到任何事物，得先放下你對那件事物的執著。你得舉起雙手投降，讓宇宙完成它的工作。這不是要你放棄打造願望的意圖，但是你確實要放下對結果的執著。為什麼？因為你每一盎司的靈魂都知道，宇宙使命必達。

所以，儘管我想活著度過那一次的水肺潛水，我卻對結果太執著，鬧到無法放鬆。相形之下，水肺潛水教練冷靜得跟什麼一樣，而我現在明白，他一定靈性到不行啊。這令我思索起這輩子有多少次，我活在未來，納悶我會不會得到想要的結果。我交往一星期的男友會娶我嗎？我剛創立的公司會讓我發大財嗎？那個保證會在十分鐘內把我縮水成二十四腰的嶄新身體護理課程，可以給我腹肌嗎？問題是，當我們總是活在未來，處於「為什麼這個或那個還沒發生？」的狀態，我們對於這些事的能量便會受到汙染。你在生活的哪些事情上，對結果這麼斤斤計較？

雙手一攤就好啦，擺出一副滿不在乎的樣子！

態度超然讓如願以償加快十倍

「臣服於宇宙」的概念以前常讓我中箭落馬，其中一個原因跟目標的訂立有關。落入「我的〇〇〇在哪裡？」的陷阱很危險，因為每次你的念頭又切換成你缺了自己渴望的事物，就像在宇宙的路徑上扔下一顆巨大的岩石。這會減慢顯化的過程。你或許會跟我以前一樣，納悶既然有了願望就得放下執著，又何必許下心願呢？這根本違反常理吧？

其實，當你雙手一攤，一副滿不在乎的樣子，一件威力驚人的事情就發生了……也就是，這代表你有信心。你依然懷抱著實現目標的意圖，但你明白在你目前的現狀與你想抵達的目的地之間，有無限多個可以讓你如願的可能性。「如何實現目標」與你無關，寶貝——那是宇宙的事。

同時結合意圖與臣服，你會如願以償。這樣做，是將不確定性的魔法加進來，也就表示你抱持開放的態度，假如中途發現可以用更高明的方式實現目標，那你也樂於隨時換一條路前進。此外，如果你願意迎接未知，你便消弭了硬是想要一個解決方案的心理需求，可以維持開放的心胸，能夠接受朝著你而來的無限多個機會。我知道這很燒腦，可能會令人一頭霧水，但說到底就是要有信心。

如果你堅信不移，相信某個比你更龐大、力量也比你強得多的玩意兒正在支援你，你便會篤定地知道，結果會如你所願。你不必一直問那玩意兒在哪裡，不必問靈驗不靈驗。當我們很在意事情的成效或結果，那一份執著的根基就是我最不愛的那個F字頭的字——Fear（恐懼）。這種不安會浮現，是因為信心不存在。

當你知道自己有能力開創一切你要的事物，便可以充滿信心，擁抱這趟旅程中的不確定性。這有助於你加速顯化，因為不確定性容許不同的選項流動。美夢要成真，就要從長計議。值得擁有的事物，就值得你沉住氣，直到入手為止。

我記得自己曾經寫下，我要上TEDx演講。我計劃在十八個月內實現，我的如意算盤是在那十八個月裡，先找幾個比較小型的演講活動、拍攝作品影片來充當暖身，晚一點再跟TED接洽。我有上TED演講的渴望，但沒有惦記著這件事。兩週後，我突然接到一通電話，要我在四十八小時後上TEDx演講！我根本沒有腹案，而且嚇都嚇死了，因為我對結果不執著，事情就自然發生了，這正是絕佳的例子。

由此可見，宇宙智慧能夠策劃事件，促成我們要的結果。但是當**你很在意事情的結果，你的意圖便會受制於僵固的心態，而內建在宇宙無限可能性場域裡的彈性、創造力、自然發生的機緣，便都與你無緣了**。

超然的態度，也會讓顯化的過程加快十倍，看上文TEDx的例子就知道了。當你落實臣服的概念，懷抱信心，就不會強求解決方案。每次你察覺自己在質疑你要的事物在哪裡、為何某件事情尚未發生，就舉起雙手揮一揮，把所有的疑慮都在呼氣時吐掉。一旦你像擁抱一個失去已久的情人一樣去擁抱不確定性，全然明白你要的結果會顯化出來，以這樣的心態去欣賞不確定性，顯化出來的結果將會令你驚奇不已。

接受不確定性，就表示以優雅的腳步，走進生命裡每時每刻的未知。有時，這有點像去搭全新的雲霄飛車。你爬上座位，看著安全桿將你固定在座位上，滿心期待狂飆的雲霄飛車。雲霄飛車啟程時很可怕，腸子都要打結了，有時你會懷疑自己哪根筋不對，才會跑來承受腎上腺素的瘋狂爆衝，但你知道總有結束的時候。當你從雲霄飛車下來，你看到自己被拍到的恐怖快照，你哈哈大笑，想起坐這一趟雲霄飛車的所有樂趣。

當你擁抱不確定性，你會追求刺激、樂趣、冒險與不曉得會發生什麼事的神祕感，即使那很嚇人。當你面臨不確定性，便是走在正確的道路上，別放棄。儘管你有目標，儘管你擬定了實現目標的計畫，但不必認定自己在下一週或明年會做些什麼。說到底，對於凡事都可能發生的那一份了然於心，讓你準備好活在當下——這稱為萬全準備。

做足萬全準備

當我們只聚焦在過去或未來，而不是當下，便無法安住在此時此刻。**安住在當下是讓意識可以清明的唯一方法，讓我們重拾自由，不再被舊的行為禁錮**。

在當下做好萬全準備，表示你更能夠把握不請自來的機會。在任何問題中都準備好擁抱不確定，實踐這一套心法，便會確知凡事都有變得更美滿的機會。

抱持「黑暗中總有一線光明」之類的思維。如果你的感情關係亮紅燈，選擇把這當作一個機會，看是要修復感情，或是尋找另一位更合適的對象。如果你即將被裁員，把這當作一個機會，去創立你夢想中的事業，或是找一個薪資更優渥的新工作。

一旦採取這種心態，你便開啟了全套的可能性，即使覺得生活一團糟，照樣能保持那些可能性帶來的神祕感、驚奇感、興奮感、冒險感。立足在不確定性的智慧中，可以警醒地察覺機會來了。當你處於萬全準備的狀態，又遇到機會，這便是成功的祕方，因為你很信任解決方案會冒出來，給你的生命更來更大的助益。

有的人說這是運氣好，我說這主要是宇宙很罩你。運氣好。不過是你在做好萬全準備的狀態下，把握了你的機會。

與成功對頻

- 感恩是人人都辦得到的事，不花你半毛錢，又只需少少的時間。感恩是愛的頻率。
- 練習感恩，讓你練習肯定當下這一刻，肯定你現在擁有的事物，而不是卡在「然後呢」症候群裡。
- 每一天都醃漬在感恩裡，講得像事情已經成了。
- 向宇宙臣服，不執著於結果，可以加快你的願望顯化。
- 不要害怕未知。擁抱不確定性，就是擁抱無限可能性的冒險。

「做就對了！」練習

每天寫下五件感恩的事

撰寫感恩日記，每天寫下五件感恩的事。把寫感恩日記變成每日慣例，便開闢出與當下這一刻連結的空間。盡力思考有什麼不明顯的感恩事項，讓你的感恩更加深刻。

隨時尋找自己受到什麼福佑，把這視為你的目標，因為這可以改變你的人生，增加你的幸福。

第 12 章

社交需求，也是成敗的關鍵

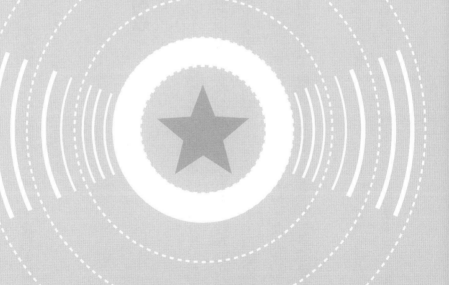

不要再從尚未建設出任事物的人身上，聽取他們的建設性批評。

我們來談人。我意識到不論你有多內向、外向或其他「向」，我們人類都渴望與別人連結。但我們選擇把最多的寶貴時間用在誰身上，是最重要的。

慎選合適的朋友建立歸屬感

馬斯洛的需求層次理論是心理學上的動機理論，將人類的需求分為五個等級，通常以金字塔裡的階層來呈現。金字塔底層的需求要先得到滿足，才會追求較高階的需求。由下而上的需求分別是生理需求、安全需求、愛與歸屬的需求、自尊的需求，頂端則是自我實現。自我實現是指一個人在創意、智識或社會方面的潛力得到全面發揮，而就我個人的定義，則是你明白憑著自己的能力，你可以拓展自己，做到更多事。基本上，你了解去追求心目中的「大事」的時候到了。

每個人都有能力，也會想要追求較高層次的需求，朝著自我實現的層次發展。可惜，這樣的旅程有時會因為沒能滿足底層的需求而受挫。所以，以大白話來說，如果你沒有食物或住處，就會很難走向世界，成就你的「大事」。

但是現在，我要來談第三個需求，也就是對愛與歸屬的社交需求。為了免除憂鬱與焦慮之類的問題，讓一個人覺得自己擁有別人的愛與接納是很重要的。但是要認清你滿足這項需求的方式，是否有助於你成功。你選擇了合適的群體來建立歸屬感嗎？這群人會協助你揮灑全部的潛能嗎？

我永遠都記得十幾歲的時候，有四年時間都在尋找自己的身分認同，想找出自己不會格格不入的地方。對我來說，關鍵性的一刻應該是我判斷自己應該做一個哥德族*的時候，因為我的朋友們都屬於這個族群。我們會在倫敦的康登市場（Camden Market）閒晃，挑選有鉚釘的頸圈式項鍊、寬大的超脫樂團（Nirvana）帽踢跟黑色眼線筆。我在進入「哥德族」階段之前，則是「桃紅色過膝褲搭配巨無霸的圈圈耳環」階段。真相是，要是大家都穿垃圾袋，我也會照穿不誤。

我非常害怕引人注目，怕跟別人不一樣，怕覺得不被人接納。我也完全認同十幾歲正是

---

* Goth：喜愛哥德式搖滾樂，穿著黑色服裝、化上白色妝容的次文化族群。

探索的階段，那樣的行為是完全沒問題的。但對我來說，我主要是想要從眾，渴望成為群體中的一員。我年紀愈大，愈變本加厲，原先只是跟大家穿戴相同的服飾，之後就變成吸食跟別人一樣的毒品。研究一再顯示，同儕對我們生活的影響力極為強大。一不小心，想要歸屬感的需求會讓我們誤入非常黑暗的境地。

在成為企業家之前，我從事業務工作，每天在各個客戶家之間奔波的時間，長達幾個鐘頭。我聽膩了廣播上千篇一律的老歌，便一腳踏進有聲書的世界。

我義無反顧地迷上了美國企業家與勵志演講師吉姆．羅恩。我會消磨幾個鐘頭，只是舒舒服服地在車上聽他說話。我萬萬想不到，與一個死人共度這麼多時間，會給我這麼大的滿足。那時我踏出了第一步，漸漸真心相信自己擁有改變人生的力量。

那時烙印在我腦海的觀念之一，是**看看跟我們相處時間最長的五個人是誰，我們就是這五個人的合體。我們只是互相連結的能量球，與我們最親密的人（不見得是空間上的距離）會在能量上深深影響我們，也會影響我們的情緒及我們如何過自己的人生**，這是完全合理的。比方說，假如你周遭的人都對伴侶不忠，覺得出軌無傷大雅，那你大概會受到他們的影響，出現相同的行為。如果你跟每個週末都出門喝酒的人往來，你八成也會跟他們一樣。跟錯誤的友伴廝混，會對你的幸福與成功造成細微卻長久的影響。

想要融入群體、被人接納是人性，我們都下意識地遵循自認為保險的作法。這麼做是為了得到歸屬感，也顧不得身邊那些人的行為舉止，是否會防礙我們成功。我們都有自己思考的能力，儘管如此，我們可能不自覺地恪守體制的規範，奉行身邊那些人的規矩。

身心靈狀態深受親近的人影響

我曾經看過一隻小燕子的故事，故事裡的小燕子用翅膀捂住一隻眼睛。一隻貓頭鷹飛過去，問燕子怎麼了。燕子移開翅膀，露出受傷的眼睛，眼珠已經不在了。貓頭鷹點點頭，說道：「啊，原來如此，你在哭烏鴉啄掉你的眼睛！」「才不是呢。」燕子說。「我哭，是因為我隨便牠來啄我。」這一則簡短卻深刻的寓言，說明了我們務必要知道，跟我們走得最近的人對我們的身、心、靈狀態有何影響，這很重要。

對，我們需要被愛、需要歸屬，但同等重要的是，你要確保身邊的人對你有益，不會像烏鴉啄瞎小燕子那樣戕害你的願景。每天跟我們接觸的人，應該要能啟發我們成為更佳版本的自己，應該在我們展露最真實的自我時接納我們，作為對我們的支持。真相是你可能下意識地一直保持弱小，亦步亦趨地跟著人走，以防被跟你最親近的人斷絕往來。關鍵在於：你是否讓別人偷走你的夢想？

挑選新的夥伴

問自己：你身邊的人會支持你的旅程嗎？你身邊的人比較常哀哀叫跟聊八卦，還是比較常鼓舞你、啟發你？你身邊的人會激發你最好的一面嗎？每個人都會散發振動頻率，不是令你精神一振，就是消耗你的精力。你是否曾經在跟人相處之後，說「啊，我接收到他們的黑暗」或「她真的超陽光」？這正是我在說的振動頻率。

我們真的會散發個人的頻率，別人感覺得到，宇宙也行。你不能改變別人如何待人處事，但如果他們對你無益，你可以限制他們的殺傷力。我希望你給自己力量，明白你可以挑選新的夥伴。吉姆・羅恩是我第一個納入夥伴行列的人。對，死人也算。每天，我都有幾個鐘頭在聽他說話，讓他啟發我，反而沒花那麼多時間聽同事發牢騷，以及熟人的狗屁倒灶。如果你結交不到實際的朋友，就花錢買有聲書給自己增添新的夥伴，或是利用網路來認識人，拓展人際網絡。

隨著你的成長與發展，你或許會注意到身邊有些人似乎不太一樣。當你變了，身邊的人或許也會變。有時是正向的轉變，有時則否。當你踏上旅程，要蛻變成最佳版本的自己，你會開始從內在發光，綻放明亮的光輝。這種光可以啟發別人，也可以暴露別人的不完美之處。如果你身邊的人支持你，認同你揭開人生的新篇章，這再好不過了，或許也會激發他們做出自己的改變。如果別人開始無視你，跟你漸行漸遠，那是他們的損失。但願不會有人討厭你在做的事，甚至試圖阻撓你——萬一是這種狀況，深呼吸，擇善固執地繼續你的旅程。說到底，你永遠都不應該縮減雄心壯志的聲勢，只因為別人覺得刺耳。

對於把太多的雞飛狗跳帶進你生命中的人，即使你沒把他們當一回事，也放下他們吧，這也會給你力量。這往往會是你最艱難的決定。我曾經跟自己真心關愛的人在一起，但他激發出我最糟的一面。那不是他的錯，但當我按照他對女友的期待，裝出他想要看到的個性，我始終有點緊繃。我的直覺一直說他不適合我，但我的小我每次都告訴我，沒有更優質的對象了。跟他在一塊，我會從全然的歡喜墜入可怕的焦慮，從快快樂樂轉為在酒精推波助瀾下的大吵。我的靈魂會一直跟小我起衝突，導致內在的騷亂。

如果恐懼讓你守著一段感情關係，就該是大大地愛自己的時候了。你的愛侶在你的生活裡扮演舉足輕重的角色，在跟你為伍的人裡面，也是很重要的成員，所以你得非常明智地挑選對象。他們對你、對你的成功，都占有舉足輕重的分量。

此外，明智地選擇你要跟誰談論你的夢想。你是否曾經跟人說出你的遠大計畫，而他們的第一反應是否決你，或是立刻說出全部的風險？如果這些人沒有下功夫追求個人的成長，他們會下意識地將自己恐懼都投射到你身上，因為當你把生命用在轟轟烈烈的大事之上，他們的面子會更掛不住，心情惡劣。

另一件至關重要的事情是，當你要冒險進行新的嘗試，要慎選你聽從的建言。這是再強調也不為過的事。往往，我們會向沒有回答資格的人詢問意見，這對我們是極為不利的。

聽取拙劣建言的代價

多年來，卡拉都很急切地想要創業，重拾自由，擺脫朝九晚五的日子。但每次她要去找商業教練諮詢，她的丈夫都跟她說：「噯，你自己一個人又辦不到，把錢省下來。找教練是浪費錢。」卡拉聽了總是會放棄，沒有意識到自己做了什麼。諷刺的是卡拉的丈夫並非企業家，更是從不投資自己，也不會找教練。但卡拉愛丈夫，在乎他的意見。卡拉的丈夫勸退她並沒有惡意，說到底也是為了保護妻子不要犯錯。他是一片好意，卻遏殺了妻子的夢想。

其實，最愛我們的人，通常也是最會「傷害」我們夢想的人。他們的建言常常是誤導，初衷是要保護你，外加老朋友「恐懼」的煽風點火。

卡拉將夢想冰封了很多年後，終於決定豁出去拚拚看。猜猜她怎麼樣了？卡拉現在是自豪的老闆，事業相當成功，擁有進帳六位數的公司。聽取拙劣建言的代價，可能是令靈魂破產。要是卡拉不硬著頭皮試試看，她現在依然會過著既不充實、也不自由的生活。

此處的教訓是，不論你的目標是什麼，你得找到已經完成那件「大事」的人。從已經實現你夢想的人身上尋找證據，將他們當作你的指南針與見賢思齊的對象。將鼓舞人心的傢伙，納入你夥伴的行列。

提出成功的捷徑

我不要安逸的生活，我不要舒適的生活，我要的是精采的生活。所以我會從那些啟發我的人身上，研究他們如何開創自己的人生。我閱讀關於富豪的書刊，找專家上課，致力升級我的心態思維。我檢視成功人士的習慣，仿效他們的作法。用這一招，就可以確保你的新身分認同，與成功是相容的。

當我第一次創立實體商品的生意，我沒有上搜尋引擎查資料，而是直接找線上生意已經月入百萬的人，向他們取經。當我開始從事教練工作，我鎖定學習的對象，是收入水準符合我理想目標的教練，而且他們在這個世界發揮的影響力，也跟我想要的一樣。我付費向他們學習，因為拜師是成功的捷徑。

如果你要減重、改善健康，就雇用個人健身教練。如果你要成為優秀的公共演講者，去上演說課。如果你想要創立新事業，掏錢聘請在那一行建立了成功事業的商業教練。我可以保證，你想做的事都有人辦到了，你只管找出他們就對了。**當你找到已經實現你目標的人，你就可以安心地知道，你的目標是可行的。你僅需採取相同的行動。不要再從還沒建設過任何事物的人身上，聽取建設性的批評**。除非對方在做你想做的事，否則別聽他們的意見，別聽他們的話。直接去找開山祖師。

我們都是人類。有時我們將欣賞的人捧得高高的，認為他們是超人。如果誰激發了你有為者亦若是的抱負，去找他們，提出你想問的問題。對他們說：「是這樣的，你真的啟發了我。我很希望跟你共事。要怎樣才能請你當我的師父，或是跟我合作？」

不要害怕投資那些你真的、真的很想要的事物。這是我見過的每一位成功人士的祕訣。

要啟發人心，不要下指導棋

如果你夠明智，實踐了我在本書傳授的方法，你會開始看到改變，你免不了會希望身邊的人開始仿效你。你可能會注意到自己指點起其他的人，也許是你的伴侶、父母、朋友，你會跟他們說要怎麼做。但你要克制這樣的衝動，因為讓別人自己想要見賢思齊的力量，比你跟別人下指導棋要強大一百倍。

有些個案一直跟我說，他們的伴侶不了解什麼是自我成長，很懊惱伴侶不肯跟他們一起冥想、誦念肯定語或寫下目標。冷冰冰的真相是，只有想要改變的人才會改變。唯有他們自己準備就緒了，才能改變。不要狂熱地跟他們宣揚你的想法，不然你會像一隻拚命說教的蚊子，而蚊子是很討人厭的。管好自己就好。

會和一些人分道揚鑣

喬安娜在生活中展開了「做就對了」的旅程。她自己創業，提高了收入，可以愜意地度假，感情關係也升溫，開始得到大家的注目。但在喬安娜的生活中，有幾個人疏遠她，大部分是仍然從事原本職務的朋友，因為缺乏成就感而不快樂。

喬安娜的成功沒有激勵他們，反而暴露出他們缺乏改變人生的欲望，所以他們會閃避喬安娜。

我們對此無能為力。我們得接受現實，原諒他們，希望他們時候到了就會回來找我們，而且有了他們自己的新生活。但是要知道：每有一個人因為受不了你活得閃亮亮而跑掉，你都會吸引來另一個人，這個人會讚揚你，接受你，在你的旅程中為你加油打氣。你會發現自己毫不費力，便把棒呆了的新人吸引到生活中。可惜，有時這代表你得跟一些人分道揚鑣。

不追求我對你錯

如同本書前文的討論，你的言語會影響你的能量，因此另一個你要致力追求的目標，是覺知到自己都怎麼談論別人。說別人的壞話，會釋出糟糕的能量。當你升起防衛心，玩起怪罪別人的把戲，或是不肯接受當下這一刻，你的生命便會出現阻力。

每次遇到棘手的情況或難纏的人，提醒自己：「這一刻本應如此。」成為靈性滿點的最棒的自己，表示你放棄想要說服別人的心理需求，不去說服別人採納你的觀點。每次都想要辯個我對你錯，是小我的把戲。如果你開始觀察周遭，你會注意到旁人實在砸下太多時間來捍衛個人的觀點，白白浪費能量。我寧可追求快樂，不追求我對你錯，當我們不隨著小我起舞，不去滿足小我想要辯倒別人的心理需求，便可以接通非常大量的能量，可以用來改善我們的人生。

記得我在第七章說你是能量製造機嗎？想一想當你沉浸在別人一團亂的事件裡，或是在腦海重播一段不投機的對話，著魔地想著錢、升職、前任傳來的訊息、一年前的可怕經歷。好，每次你陷入負面的思維，想著公司裡的人，想著他們從來不把工作做好，或是想著前任伴侶如何傷了你的心，你便是在拋出能量索，允許他們吸走你的能量。

你是在拱手讓出自己的力量，因為在那一刻，你降低了振動頻率，葬送改變自己人生的力量。提醒自己，你將能量索拋給什麼人或什麼事物，是由你全權掌控的。有的能量索會吸乾你，讓你精神萎靡，有的會給你滿滿的滋養，甚至產生更多能量。

選擇將時間用在可以滋養你的人身上，在這些人身邊，你可以真正做自己。他們是你的夥伴。選擇會令你哈哈笑的人。歡笑會產生能量。記得灌溉你的感情關係，因為沒有得到灌溉的感情關係會死亡，和植物一樣。花時間篩揀可以提振你精神的夥伴，努力讓這些人知道，你很感恩有他們在。

與成功對頻

- 想要融入群體的心理需求，可能導致你守著會妨礙你成長的人，以致斲傷了你的優異。
- 與可以啟發你的人為伍。他們不必是活人，也不必在你身邊。
- 隨著你在人生中成長，你的成長幅度可能會超越身邊的人，這是沒關係的。
- 不要下指導棋，要求身邊的人改變；改變你自己，綻放你的明亮光芒，藉此啟發別人。
- 把能量留給重要的事務：比起小我想要辯個我對你錯的遊戲，快樂更重要。

「做就對了！」練習

放下耗損你精神的人

如果你發現自己在精神上或情感上，因為生活中的某個人而無力，就應該釋放他們的精神扼殺，切斷能量索。有時，要在現實生活中擺脫一個人很簡單，但我們照舊花上大把時間想著他們，結果一樣耗損了我們的精神。有時我們不能實際擺脫一個人，因為他們是親近的家人，但你仍然想要解決他們令你精神無力的狀況。這便是這一章的功課重點：重拾你的力量，掌控自己的能量索。

你在這項功課裡要做的第一件事，是想一想生活中吸乾你精神的人。一次只能處理一個人。重新校正你的能量，第一個方法是不管對方可能做了什麼，一律原諒。當我們選擇原諒，不再抓著怨恨不放，便能從體內釋放停滯的能量，讓魔法恢復流動。

拿一本日誌，寫一封原諒他們的信。放下所有的憤怒、傷痛、怨憎，他們進入你的生命是要教導你成為更好的人，這是你要明白的道理。他們是你的課題。

第13章

與翻轉人生的距離，只差豁出去做

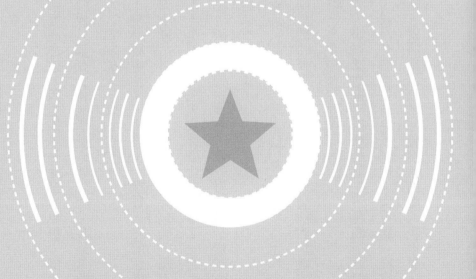

就像發射火箭或是模仿一根香腸，側臥在地上滾動，你得趁著恐懼還沒讓你打退堂鼓，拚了再說。

某夜，在喝了太多普羅賽克氣泡酒之後，我領悟了一件事。我想，每個人都希望生命可以有某些改變，但多數人在大半時候，都在等待改變神奇地降臨。我最常聽到的藉口之一是「我在等待適當的時機」，翻譯成大白話就是「我很害怕」。

我因而想到自己只要醉了就不曉得要害怕——事實上，多數人在醉意醺然的時候，往往會為所欲為。醉意會讓我的自制力下降，可惜我通常會變得膽大包天。隔天早晨，不只宿醉會讓我活受罪——我還要擔驚受怕。那種「可惡，我幹了什麼好事？」的恐懼。我想最登峰造極的一刻，是我在自己的喜宴上，決定撲倒在地板，像一根香腸一樣側臥著滾動，身上還穿著婚紗。我可以告訴各位，結局並不太美好。

不論我的行徑有多荒唐，這裡面有個道理在。我們都需要在人生裡小醉一場，厚著臉皮，像一根香腸一樣滾呀滾，滾向我們的夢想。許多人侃侃而談他們想做的事，但說到採取令人不舒服的必要行動來實現願望，他們就裹足不前了。

那我們要怎樣像個無情的忍者，快狠準地擺平目標？首先，我們都要停止在意自己是否完美，凡事都想要做到正確無比。我沒有想過如何完美無瑕地像香腸一樣滾動，而不毀掉昂貴的婚紗。我只是撲向地板，側臥，就開始滾動了。我沒有備案。我不顧一切地要搞定我的大喜之日體操練習。

具備可以採取行動而不過度思考的能力，是在人生各個領域大獲全勝的要件之一。就像發射火箭或是模仿一根香腸，側臥在地上滾動，你得趁著恐懼還沒讓你打退堂鼓，拚了再說。火箭不會在發射到一半時，停下來質疑自己是否應該繼續發射。發射了就是發射了……不管後果如何。當你浮現一個點子，或是一個願望冒出來給你看到，你得採取行動，而且要快。否則，大腦會想出千百萬個你不應該行動的理由。

為什麼？這會兒你應該也知道了，大腦的目標是維護你的安全與舒適。

一旦你真的升空，你會嚐到動能的美妙滋味。而動能是生生不息的——它會創造更多的動能。牛頓的第一運動定律說靜者恆靜，動者恆動。所以，關鍵是起身行動，不論一開始的時候有多難。一旦你穩紮穩打地動起來，你會早早得到替你效勞的動能力量。接下來，你只要順勢而為。

避免「覺得不想做」，得快快動起來

當你建立了動能，意識到你是自己的船長，而且正在掌舵，感覺可能會很恐怖。你會遇到挑戰你的情況。這是免不了的，因為刺激我們成長的正是挑戰。

遇到新的情況時，大腦會谷歌上身。當新的狀況浮上檯面，就像在大腦輸入了新的活動，大腦便會開始搜尋相關的資訊。假如那是全新的情況，例如創業或是展開新的戀情，大腦便沒有任何資料。於是，大腦只看到風險，因為它沒有相關的資料，不能給你明晰的指示。大腦會跟你的神經系統溝通，神經系統便開始讓你感到害怕，好讓你畏縮不前。不然就是從跟目前的情況沾不上邊的經驗中，調出資料，這會在下意識引發負面的感受。

這就像霸占電腦螢幕的「你的電腦中毒了」訊息，既嚇人又真的很煩。你想要活出精采絕倫的人生，你就要搶在心智的視窗跳出危險警告之前行動。真相是新的事物都涉及未知，但如同我們前文的討論，走進未知、相信宇宙會罩你，是讓你朝著心願前進的心法。

此外，**要是拖太久才行動，你的情緒便會跟決策糾纏不清**。葡萄牙神經學家安東尼歐・達馬吉歐（António Damásio）的研究顯示，我們九五%的決定終究是取決於內心的感受，沒有顧及事實。他說我們生而為人，是心情第一，行動第二，而不是反過來。這說明了何以這麼多人往往不會有任何行動，因為就是「覺得不想做」。所以說，反制之道就是速速行動！

盡善盡美讓事情困難重重

我們來聊一聊班的故事。班一直埋怨自己無法做出讓生意升級的決定。（順便說一聲，能夠做出決定——即使事後證明是錯的——是所有成功人士的人格特質之一。）班的口頭禪是事情一定要做到盡善盡美，而現在不是適當的時機。當我詢問他，他究竟需要讓什麼完美無瑕，他承認其實自己凡事都秩序井然，只是擔心自己的作法「搞錯方向」。就在他即將去做感覺困難、可怕或不確定的事之前，他會猶豫不決。班是重度拖延成性的人。

拖延與完美的雙重詛咒

拖拖拉拉（procrastination）與完美主義（perfectionism）是很要命的，各位。這兩者跟能力毫不相干，拖拖拉拉是一種緩解壓力的形式。如果你做事拖拉，就得去了解自己在閃避什麼壓力。大部分人閃避的壓力，是害怕結果不如人意。我向班解釋，每次他猶豫不決，便會觸發病毒通知視窗，讓視窗彈出到他的心智螢幕上，以阻止他的行動。然後碰的一聲，他那些計畫的貪睡鈕又被按下去了。他按兵不動的行為是一種自我保護——這就像一套沉重的盔甲，雖然保障了他的安全，卻同時拖慢了他的動作，令他有危險。拖拖拉拉可以防止我們失敗，但我們要面對現實，失敗的恐怖程度，並不亞於採取行動。

追求完美是不行動的藉口

凱蒂討厭事情出差錯。當事情不如她的意，便會陷入覺得自己不夠好的漩渦。她給自己貼上完美主義者的危險標籤，自豪地宣稱自己是完美主義者，彷彿那是好事。一舉一動都力求卓越的行事準則並沒有錯，但只要有任何不受凱蒂控制的事，凱蒂便會焦慮。她太害怕不確定性，在嘗試任何新的事物之前都想要取得保證。她想要在拿起飛鏢、瞄準靶子之前，就得到自己會命中紅心的證據──不得有一絲誤差。她厭惡失敗引發的不舒服感，是因為年紀較輕時的經驗，因此她像躲瘟神一樣避免失敗。

完美主義只是穿上了 Jimmy Choo 名鞋的恐懼──看來或許像漂亮的榮譽獎章，但一旦你成為完美主義者，你可能會止步不前，因為儘管看起來風光，其實腳痛得要命。**不行動就是扯自己後腿，還用印滿了「我必須做到盡善盡美」的漂亮藉口的紙張包裝起來**。不完美的行動，遠遠比完全不行動更強健有力。

你現在的藉口，到了明天、下週或六個月後照樣不會變成真的。如果你在準備好之前就動起來，消弭要預作準備才肯行動的心理需求，那我保證你跟翻轉人生之間，只差一個決定的距離。你只需要豁出去做。

令人振奮的事不會發生在舒適圈

你得擁抱失敗，每天都不要害怕失敗的迎面痛擊。你得強化自己的失敗肌肉，日後每一次事態的發展與你的計畫不盡相同時，你就可以反擊。當你害怕失敗，你是最軟弱的。要是你不跟失敗交上朋友，失敗揍你一拳，你就垮了。但如果你爬起來，回到擂台上，你會愈來愈強，失敗的刺痛會消散。

所以，我要懇求你走出去，狠狠地搞砸每一天，這就是你努力追夢的證明。別害怕失敗，去害怕你五年後還困在原地動彈不得。上擂台跟失敗對戰夠多次之後，你會像找回失散已久的朋友一樣擁抱失敗，拳打腳踢會停止，因為一旦你跟失敗變成哥倆好，就不會隨時隨地抗拒失敗。一如任何運動項目，你得先上場，然後堅持下去，直到勝出。畢竟，**值得擁有的事物都不在你的舒適圈**。

曾經有人請我為一個電視節目製作試播的影片。當我看了企劃案，我得承認有點反胃。我必須在週六的早晨八點鐘，去素昧平生的人家敲門，詢問他們是否願意創辦一門生意，而且過程中要錄影。第一，我沒上過電視節目；第二，這有一點像你在鏡頭前面打推銷產品的電話，沒有比這更讓人想要嘔吐的事了；第三，我覺得一個重大的夢想或許即將實現，這樣的現實真的很令人緊張。壓力絕對很大。

那我怎麼做？嗯，首先，我問自己：「我怎麼嚇個半死？是什麼狗屁念頭，讓我不敢敲別人家的門？」正視恐懼，跟自己講道理。我得超脫大腦的碎碎念，而我的大腦察覺到了危險，挑起了恐懼。這也絕對涉及了「我夠好嗎？」的念頭，還有害怕對方會當著我的面摔上門，一邊惡狠狠地咒罵我。但是當我拿可能的收穫來跟風險做比較，思考一番後，我知道從英勇女性的眼光來看待一切的時候到了。我需要勇氣。我必須感受那股恐懼，豁出去拚了。

我比較年輕時是藉酒壯膽，醉眼矇矓會讓我有膽子搞定我想做的事情。唔，我在三十幾歲時告別了醉眼矇矓，拿錢買了可以替我過濾掉恐懼的新行頭。我看過一部電影，影片中的爸爸在孩子到新學校上學的第一天，給孩子一副墨鏡，說那會讓他變成隱形人，所以大可充滿信心地去上學——這就是我的「濾恐懼眼鏡」。我也在那天早上狂做敲打法（見第五章），以減輕我的焦慮，到了早晨八點鐘，我已經準備好征服世界。

我走到第一扇門，做個深呼吸，想要反制蹦蹦跳的心臟……三、二、一……叩、叩、叩。沒人在家。謝天謝地，我心想。但我辦到了：我的拳頭碰到了門板。我可以確切地告訴各位，每一次勇敢的小小行動，都會帶來更多的勇氣，到了一日終了，我已經可以帶著滿腔的熱血與興奮，自豪地敲門，跟陌生人談話。我很樂於向大家報告，儘管我遇到了一大堆打著赤膊的六十歲男士來應門，沒人咒罵我。標籤：我贏了。

勇氣是很強大的。勇氣會自己生生不息，逐漸壯大，滲入生活的其他領域，帶著你更接近你精采絕倫的夢想。有哪一件事可以帶你走向目標，而你一直很怕去做的呢？你的精采人生有賴你永久關閉貪睡按鈕，脫掉 Jimmy Choo 名鞋，擁抱生命給你的一切，不論那有多可怕。記住，你隨時都可以戴上過濾恐懼的墨鏡，要是你說你連一副都沒有的話，好吧，就來跟我借吧！

覺察念頭是帶來阻力還是助力

想一想大自然的運作方式，你會看出萬物都安然流動。樹不會試著長高，直接就長高了。鳥不會試著飛飛看，振翅就飛了。魚不會試著游游看，想游就游。這是牠們的天性。而我要給你灌輸一個觀念，就是輕鬆而不費力地將夢想化為物質的實體，其實是人類的天性。我喜歡說這是在製造奇蹟。

當你豁出去做，追求目標，記得要樂在其中，提醒自己實現夢想可以不用受苦受難。其實應該恰恰相反；一切應該像大自然一樣水到渠成。當我們順著阻力最小的路線前進，成功會輕鬆降臨。阻力最小的路線並不是指保持安逸，也不是叫你不要離開舒適圈。而是指聽從靈魂的聲音，採取與夢想一致的行動。

確保你的一舉一動都帶著樂趣，而每個行動的初衷都是愛，這對你追尋輕鬆自在的精采人生，也會大有助益。你會發現少做一點事，照樣可以成就更多。這不是叫你懶散，而是要你去做令你神采飛揚、活力洋溢的事，藉此得到你要的成果。我在前文說過了，宇宙浪漫到無可救藥，大自然是由愛的能量維繫的。

記住，愛不是小我的預設模式。留意小我會消耗掉最多的能量，令你枯竭，你能感受到的快樂就有限，永遠不能企及你渴求的程度。當你的內在參考點是小我，當你追逐權力，想要操縱別人，或是想要別人肯定你，你就是在浪擲能量。但如果你駐留在喜悅的狀態，秉持愛的初衷去行動，你創造出來的能量便可以轉而用在創造你要的任何事物上。

堅守沒有阻力的路線，也就是投入令你喜悅的活動及思想。如果你的目標是減重，而你討厭跑步，跑步就是阻力最大的減重之路。找出可以連結到喜悅頻道的事物，也許是去上舞蹈或彈跳床的課程，也許是游泳，因為喜悅可以讓你用十倍速實現目標。

如果你要創業，就找出你獨一無二的才華所在，找出你能輕鬆、自然就上手的事物。待在自己的地盤上。喜悅之道就是夢想會自然顯化的境界，沒有摩擦，不必費力。扔掉跟別人一較長短的傷腦筋，對批評免疫，擁抱挑戰，駕馭愛的力量，用這股能量去開創你的憧憬！最重要的是，**要清楚地覺察自己的念頭帶來的是助力或阻力，隨即做出必要的調整**。

與成功對頻

- 動能是你最棒的朋友，所以持續行動吧，即使只是小小的行動。
- 面對挑戰可以促進成長：不要害怕挑戰，因為真正的成長來自舒適圈之外。
- 不完美的行動比完全沒行動要好得多了。
- 擁抱失敗的觀念，不要怕失敗，享受這趟旅程，即使在恐怖萬狀的時候也不例外。

- 堅決走在沒有阻力的路線上，也就是沉浸在令你快樂的思想與事物裡。

「做就對了！」練習

鼓起勇氣挑戰害怕的事

這是最後一項「做就對了！」練習，我要鼓勵你去做會令你如坐針氈的事。

以前我會玩一個稱為「死螞蟻」的遊戲。但願我能說這是小時候玩的，但真相是我在二十幾歲時，才曉得有這種遊戲。我們會出去鬼混，要是誰喊了一聲「死螞蟻」，大家就得四腳朝天，躺在地上揮舞手腳。那場面的確相當有看頭，第一次玩會覺得丟臉，尷尬得要死。然而一旦躺在地上，你會發現自己被這荒謬的行徑逗樂，哈哈大笑，起身後你會想著「我沒死耶」，繼續過你的日子。

社會風氣不太能接受我們躺在路上，假扮成一隻死掉的蟲子，但每次我投入會打破「正常」社會界線的活動，都會助長我的勇氣與自信。

所以在這項功課裡，讓你的失敗肌肉暖個身的時候到了，鼓起勇氣挑戰你害怕的事物。你拖拖拉拉不肯去做什麼事？你今天可以做點什麼，讓你朝著夢想踏出一步？有什麼傻氣、荒唐又丟臉的事是你可以做的？突破你的界線。有必要的話，出門吧，躺在地上假扮一隻死翹翹的螞蟻。叫人幫你拍張照，附上「做就對了！」的標籤。

管他的——我也下海好了！對，我陪你做。

給老天爺一個面子，豁出去做一點什麼吧——你的大好人生，就在此一舉。

後記

不要等到明天才做出改變

我們同行的旅程已經接近尾聲，我要你思考一個大哉問：為什麼？你何必傻傻地做這些功課？何必承擔自己的優異，勇於追求你的目標？唔，我倒是要問你：為什麼不要呢？你有什麼好損失的？何不坐擁你渴望的金錢、擁有夢想的身材、進入令你快樂的戀情，何不成為那樣的你？為什麼現在不行？你在等什麼？現在就行動。

不要等到明天才在生活中做出改變。不要等到明天才戒糖。不要等到明天，才終於創立那間公司。不要等到明天，才去巴西上騷莎課。不論你的心渴求什麼，如果你對準宇宙的頻率，優雅地走向你的目標，遵循一個可以讓你聚焦的計畫，你嚮往的事物便已經是你的囊中之物。

還要記住，沒人在一夕之間成功。在心理學裡，有個稱為相對剝奪感的概念。也就是在你的認知中，自己比其他人悲慘。這種感覺可能會造成第四章說的，傷腦筋地跟人做比較。

多數人會拿自己的今天，去跟別人奮鬥二十年的成果相比。我們沒看到他們在幕後進行的苦工或犧牲。不要害怕下功夫，因為儘管聽起來很老掉牙，但成功不是旅程的終點。**成功，是你在踏上旅程之後所變成的那個人**。你挺身而出，毫無歉意地成為最佳版本的你，這樣的變身成果，正是魔法之所在。

如同我在前文的說明，當你看著別人，興起了嫉妒之情，就把這種感覺用在正途。把嫉妒當作宇宙在善意地提醒你，說你想要某種事物，而這種事物也注定是你的。但不要被誤導，以為你可以彈彈手指就實現願望，因為大部分跟我聊過的成功人士，都盡心盡力地去實現目標。（盡心盡力是指你一定要為了追隨你的願景付出。）要願意為你的夢想努力，接受追夢過程中的不適，但一切都他媽的值得。

讓你的心靈力量與宇宙的力量，打造你的理想生活。要相信在你了不起的想像力之內，蘊含了你所需的一切，可以打造出超乎你期待的人生。決心超越你的限制性信念，以忍者的飛踢從你的那一堆恐懼裡闢出一條路，坐上駕駛座。別再計較生命裡那些不痛不癢的小事啦！把你的幹勁留給神奇的玩意兒。成功是你天生自然的絕對權利。記住，站在愛的出發點去生活，真的可以讓你靈（魂）力滿格，穩定對準宇宙電台的頻道。要是誰說你不能做自己想做的事，你就做兩遍，再來張自拍。

我們共處的時光，以及你追求靈性上的異彩與心理蛻變的旅程，不是在這裡結束。我製作了一些改變人生的工具，以協助你專心致志，持續激勵你成為最佳版本的自己——請上 www.noorhibbert.com/book 或見本書附錄取得這些工具。

生命真的是一張門票——你已經準備好跟我一起坐在第一排，目睹世界上最精采的大秀了嗎？

謝詞

承蒙許多好心人的大力相助，這本書才能誕生。

第一位要由衷感謝的人是我的丈夫兼摯友理察，多年來他都扶持著我。老公，謝謝你寬容我所有的瘋狂點子，在我心生疑慮的時候協助我相信自己，你是女兒們最棒的父親，而這讓我得以發揮所長，建立我的事業。也謝謝你愛我，讓我見識到愛確實可以真實不虛。

我要謝謝我了不起的父親，他一向都是我的後盾，是我人生的道德指南針。父女關係讓我獲益良多，很感恩這些年來我們父女可以共同成長。許多我對自己的認識，是透過父親才學習到的。老爸，謝謝你允許我在這本書裡分享我的心得。

感謝我優秀的文學經紀人兼朋友，也就是BKS經紀公司的潔西卡．季伶立（Jessica Killingley）。宇宙牽線讓我們相識。謝謝你對我的信心，再多的言語都道不盡我的感恩。要不是有你在，不曉得現在會不會有這本書。我也要感謝詹姆斯（James）與傑森（Jason），他們是經紀公司另外三分之二的人力，他們給我溫暖的支持，讓這本書成功。

謝謝我可愛、厚道、搞笑的編輯強納森（Jonathan），他為我建立這個天地，讓我可以用自己的言語，與世界分享我的訊息。我總是很喜歡去找他。還要謝謝約翰・莫瑞學習出版社（John Murray Learning）的尼可拉（Nicola）等人，協助讓這本書付梓。與你們每一位合作的經驗如沐春風。

最後，謝謝我最近幾年來不可思議的所有女性個案。我點名你們全部人，是因為你們讓我參與了你們的旅程與故事。要不是有你們，我就沒戲唱了。我由衷祝福各位萬事成功。

附錄

第2章

在心裡看見你置身在夢寐以求的未來，這個你有什麼感覺？寫下五種感覺。

1.
2.
3.
4.
5.

在心裡看見你置身在夢寐以求的未來，這個你相信什麼？寫下五個信念。

1.

2.
3.
4.
5.

在心裡看見你置身在夢寐以求的未來，這個你會看見什麼？寫下五件看見的事物。

1.
2.
3.
4.
5.

第3章

為各個人生領域設定你要在十二個月內達成的目標：

□靈性
□情感
□財務
□職業
□身體
□社交
□慈善
□心智

現在，將每個目標拆解成五個步驟，以便你保持投入與專注。

靈性

1.
2.
3.
4.
5.

身體

1.
2.
3.
4.
5.

情感

1.
2.

社交

1.
2.

3.
4.
5.

財務

1.
2.
3.
4.
5.

職業

1.
2.
3.
4.
5.

3.
4.
5.

慈善

1.
2.
3.
4.
5.

心智

1.
2.
3.
4.
5.

第4章

你認為自己在哪三個方面失敗了：

1.

2.

3.

針對以上的失敗之處，判定你失敗的標準是誰訂立的？

1.

2.

3.

從你的每一項「失敗」，你得到了什麼成長與學習？

1.

2.

3.

4.

第5章

你要用敲打法處理的重點事項是什麼？

以一到十的數字評估你的負面情緒強度，十是最強。

你的力量宣言是什麼？

完成第一回合的敲打之後，評估情緒的強度。

完成第二回合的敲打之後，評估情緒的強度。

向狗屁說嗨

你的主要目標：　　　　　　　　　　　　　你的狗屁：

向狗屁說嗨

對於實現並顯化你的願景，你全部的故事、障礙、限制性信念是什麼？

第6章

你決定並選擇自己要相信些什麼。

如果你可以關掉你先前指出的限制性信念，你會擁抱什麼新信念？你會用什麼面貌來示人？利用這段時間，協助自己打造你的心靈電影。

你的新身分

關掉你的限制性信念，以「我是」的句型寫下你的新信念。

例如我無法討人喜愛，會翻轉成「我是史上最受喜愛的人」。

第7章

寫一份清單，列出你可以如何歡慶你的人生？你喜歡做什麼事？你會怎麼犒賞自己？

跟宇宙電台搭上線

你要做些什麼，讓自己從今天開始跟宇宙電台搭上線？

你今天準備拋下哪些負面情緒，以確保自己收聽的是宇宙電台？要不要戒斷埋怨二十四小時看看？

抽出五分鐘，寫下你感恩的一切事物。

第10章

回顧你聽從直覺並有所斬獲的經驗，全部寫下來。

回顧你沒有聽從直覺並追悔莫及的經驗，全部寫下來。

採取與成功對頻的行動

想一想如何實現你的願景，將浮現的想法統統寫下來。

撰寫日誌的點子

我得採取什麼行動？坐著思考這個問題，讓你的靈魂引導你付諸筆墨！

撰寫日誌的點子

幾個讓你開始動筆的點子：

1. 假如不是受到恐懼的阻擋，我會做些什麼，讓自己向夢想前進？
2. 對於我真心想要的事物，我有哪些自欺之處？
3. 我在哪些方面允許負面的思想阻撓我，不讓自己追求格局最大的人生？
4. 我的信念是從哪裡學來的？就我記憶所及，有哪些童年的經驗至今仍在影響我？
5. 明天我要如何面對這個世界，才能夠更穩定地連結上宇宙電台？

延伸閱讀

- Brand, Russell, *Recovery: Freedom from Our Addictions* (Bluebird, 2018)(羅素・布蘭德，《復原：擺脫癮頭，重獲自由》)
- Dyer, Wayne W., *The Power of Intention: Change the Way You Look at Things and the Things You Look at Will Change: Learning to Co-create Your World Your Way* (Hay House, 2004)（偉恩・戴爾，《意念的力量》）
- Gilbert, Elizabeth, *Big Magic: Creative Living Beyond Fear* (Bloomsbury, 2014)（中文版：伊莉莎白・吉兒伯特，《創造力：生命中缺乏的不是創意，而是釋放內在寶藏的勇氣》）
- Grout, Pam, *E-Squared* (Hay House, 2013)（中文版：潘・葛蘿特，《九個實驗，印證祕密的力量》）
- Hill, Napoleon, *Think and Grow Rich*, revised edition (Mindpower Press, 2015)（中文版：拿破崙・希爾，《思考致富》）

- Ravikant, Kamal, *Love Yourself Like Your Life Depends on It* (ebook, 2012)（卡馬爾．拉維坎《愛自己，彷彿不愛會死》）
- Rinpoche, Sogyal, *The Tibetan Book of Living and Dying* (Rider, 2008)（中文版：索甲仁波切，《西藏生死書》）
- Rohn, Jim, *The Art of Exceptional Living* (audiobook, Nightingale Conant, 1994)（吉姆．羅恩，《非凡人生之道》）
- Rohn, Jim, *7 Strategies for Wealth and Happiness*, (Prima Life, 1996)（中文版：吉姆．羅恩，《快樂致富七大策略》）

翻轉學 翻轉學系列 046

與成功對頻

成功需要努力，更需要心靈能力，你的思維慣性，決定你的人生與命運

Just F*cking Do It: Stop Playing Small. Transform Your Life

作　　者　娜婀·希伯特（Noor Hibbert）
譯　　者　謝佳真
總 編 輯　何玉美
主　　編　林俊安
校　　對　許景理
封面設計　張天薪
內文排版　黃雅芬

出版發行　采實文化事業股份有限公司
行銷企畫　陳佩宜·黃于庭·馮羿勳·蔡雨庭
業務發行　張世明·林踏欣·林坤蓉·王貞玉·張惠屏
國際版權　王俐雯·林冠妤
印務採購　曾玉霞
會計行政　王雅蕙·李韶婉·簡佩鈺
法律顧問　第一國際法律事務所　余淑杏律師
電子信箱　acme@acmebook.com.tw
采實官網　www.acmebook.com.tw
采實臉書　www.facebook.com/acmebook01

I S B N　978-986-507-224-7
定　　價　350 元
初版一刷　2020 年 12 月
劃撥帳號　50148859
劃撥戶名　采實文化事業股份有限公司
104 台北市中山區南京東路二段 95 號 9 樓
電話：(02)2511-9798　傳真：(02)2571-3298

國家圖書館出版品預行編目資料

與成功對頻：成功需要努力，更需要心靈能力，你的思維慣性，決定你的人生與命運 / 娜婀·希伯特（Noor Hibbert）著；謝佳真譯 . – 台北市：采實文化，2020.12
288 面；14.8×21 公分 . --（翻轉學系列；46）
譯自：Just F*cking Do It: Stop Playing Small. Transform Your Life
ISBN 978-986-507-224-7（平裝）
1. 成功法 2. 自我實現 3. 生活指導
177.2　109016638

翻轉學

翻轉學